« PAROLES ET MUSIQUE »
Collection dirigée par Fred Hidalgo

DU MÊME AUTEUR

Francis CABREL, *collection* Livre compact, Seghers, 1987.

VOLKSLIEDER AUS FRANKREICH, *édition allemande,* Fischer, 1985.

MARC ROBINE

LE ROMAN DE JULIEN CLERC

Commenté et annoté par Julien Clerc

LE CLUB DES STARS
Seghers

ISBN 2-232-10085-5

« On écrit pour raconter, non pour prouver. »

QUINTILIEN
(L'institution oratoire.
Livre X)

Casquette d'officier de marine blanche à visière vernie. Chevelure noire, courte et faussement rebelle. Regard sombre, lèvres sensuelles : Corto Maltese prend tout son temps.

> Note de Julien Clerc : *J'ai dû porter une casquette d'officier dans une émission de télévision et pour une photo qui a circulé un peu partout* [1], *l'idée étant de suggérer un* look *à la Corto Maltese. Je ne l'ai jamais portée à Bercy, mais le message était passé !*

Longue silhouette de gentilhomme de fortune, à l'élégance nonchalante, il sourit dans l'ombre et, pour quelques instants encore, jouit en silence des nappes de synthétiseurs, des rifs de sax et des saturations de la guitare électrique. Du sommet de cette île artificielle qui s'avance comme une proue dans un océan de spectateurs qu'agitent de sourdes marées, il se laisse lentement pénétrer par la rythmique lourde de la batterie, jusqu'à régler sur elle les battements de son cœur.

Cueilli soudain par les grappins de lumière d'un

1. *Note de l'auteur :* Elle figure dans le programme de Bercy.

faisceau de poursuites, il entame sa descente, côté jardin, et se jette d'un coup au cœur du plus insensé des voyages : Bercy. Bercy! Et dix mille paires de bras qui se tendent...

Je trouve la mer au bout du ciel
Dans l'eau les planctons étincelants
Et dans le noir toutes les étoiles
Gonflent mon âme comme une voile...

J.C. : *Je restais tout en haut dans le noir pendant les premiers accords. Ces 12 000 briquets qui s'allumaient, c'était extraordinaire : moi aussi, j'avais mon spectacle. Quand venait la lumière, je descendais, comme dans une arène. Certains aspects de la corrida me heurtent, mais je trouve quand même de la beauté dans cette messe de sang et de soleil; le salut des toréadors est superbe. Ils sont droits, cambrés, leur main fait le tour de l'arène. J'avoue que je m'en suis un peu inspiré pour mon salut.*

« Bercy est à Julien », disaient les affiches qui inondaient nos rues, et, en ce soir de fin d'avril, rien n'a jamais été plus vrai.

Je croise sans fin des cabarets
Des zincs mouillés et des gens ivres
Dans des pays où le ciel livre
Des tonnes d'envies et de regrets...

Bercy, plein à craquer, comme une cathédrale de béton et d'acier, saoulée de décibels et de feux d'artifice.

Je voyage, je voyage
Et dans ma tête et dans mes reins
L'idée de toi fait son chemin.

Paroles : Maurice Vallet, musique de Julien Clerc.

J.C. : Je voyage *est une vieille chanson de Momo, peut-être pas* la *préférée, mais une de mes préférées.*

Arrivé au centre de la scène, le chanteur rayonnant ne peut se retenir de laisser exploser sa joie : « Qui donc a dit que Bercy était trop grand ? »

Qui, en effet, si ce n'est la cohorte de ceux qui ont essayé depuis de renouveler le miracle, sans jamais y parvenir ?

Car jusqu'à présent, le Palais Omnisport de Bercy, véritable Léviathan dévoreur d'ambitions, s'est toujours montré trop grand pour tout le monde, à l'exception toute récente de Johnny Hallyday. Johnny l'immense; Johnny l'idole démesurée. Le seul à avoir pu relever le défi lancé par Julien Clerc en ce printemps 85 où, « steamer des îles », il jeta l'ancre sur les bords de la Seine, pour onze représentations à guichets fermés, au détour d'une croisière commencée quelque trente-sept ans plus tôt sur les rives du Danube.

Première partie

VINGT ANS AVANT J. C.

1.

Au temps où les lourds galions des « Flotas », chargés d'or, de pierres fines et d'épices, naviguaient sous le pavillon de Castille et redoutaient les attaques surprises des bricks flibustiers, un capitaine corsaire de Normandie semait, plus que tout autre, la terreur dans cette mer Caraïbe qui baignait, croyait-on, les Indes Occidentales. Son nom, accrédité sur ses lettres de courses par le roi Henri II, sonnait comme une menace : Leclerc, Jambe de Bois; et ses navires s'appelaient *l'Aventurier* et *l'Espérance*. Outre le butin immense qu'il prit aux Espagnols, il leur enleva, en une seule expédition, tant de canons qu'ils suffirent à garnir tous les remparts de Brest.

Le hasard a parfois de drôles de clins d'œil, puisque c'est justement dans ces îles, dont les noms laissent en bouche un goût de poivre et des consonances boucanières (Barbade, Grenade, Antigua...), que Paul-Alain Leclerc trouve la moitié de ses ancêtres.

L'écheveau est complexe, difficile à démêler car les archives de ce temps sont approximatives quand elles n'ont pas purement et simplement été détruites. Et puis, qui se soucie d'écrire avec sérieux la généalogie d'une lignée d'esclaves? Certains documents évoquent des origines brésiliennes, d'autres, plus aléatoires, parlent de trois frères Merlot, marins pêcheurs bretons, traversant l'océan pour s'établir en Guadeloupe.

> Julien Clerc : *J'ai appris dans ce chapitre, pour tout ce qui concerne l'histoire antillaise, une foule de choses; en fait, j'en ignorais la majeure partie.*

Une seule chose est certaine : au recensement de 1664, un nommé René Merlo sera enregistré au lieu-dit du « Grand Cul-de-sac à la Rivière à Colas », au nord de Basse-Terre, la partie occidentale de l'île. Puis la lignée devient floue, embrouillée, par le jeu des mariages et des remariages entre beaux-frères et belles-sœurs. Ce qui est, selon l'usage local, un bon moyen pour ne pas laisser d'orphelins en cas de décès de l'un ou l'autre des parents.

La première trace que l'on retrouve avec certitude, près de deux siècles plus tard, est celle de Joseph Merlot, « fils de parents inconnus et époux de feu dame née Médéric ». Son acte de décès, en date du vingt-cinq décembre 1854, est contresigné par leur fils Octave, âgé alors de trente-deux ans et immatriculé comme mulâtre libre exerçant le métier de maçon au hameau du Bananier, en la commune de Capesterre. Ce dernier, dont l'acte d'affranchissement fut paraphé le 7 février 1842 [1] par le gouverneur de la Guadeloupe, est l'arrière-grand-père direct de Paul-Alain Leclerc, plus connu sous le nom de Julien Clerc.

Quels que soient les méandres du lignage des Merlot, cette situation d'affranchi n'est pas forcément incompatible avec la légende des trois frères venant de Bretagne :

1. *Note de l'auteur* : Aboli une première fois le 4 février 1794 par la Convention, l'esclavage fut rétabli en 1802 par Napoléon, Premier Consul. Il fut définitivement supprimé sous la IIe République, en 1848.

car nombre de mulâtres finissaient par prendre tout ou partie du patronyme de leur propriétaire, soit par commodité, pour marquer leur appartenance à un maître, soit par reconnaissance quand celui-ci les avait libérés, soit encore par dérision, et dans ces cas-là, le nom était toujours plus ou moins écorché. D'autant plus que, faute d'archives rigoureuses, les clercs de l'état civil devaient souvent se fier à la parole de témoins illettrés et prendre la « coutume » en considération. Ce qui les amenait parfois à adopter le surnom pour le nom et à user de grandes libertés avec l'orthographe.

Ainsi trouve-t-on aux archives de Trois-Rivières, en date du 11 janvier 1757, un acte de mariage entre « Charles Duc, né à Notre-Dame du Mont-Carmel, mulâtre affranchi par le sieur Merleau, et Blandine Hulet, née à Capesterre, mulâtresse affranchie par le sieur Hulet ». Certains de leurs enfants – mais pas tous – seront déclarés sous le nom de Duc dit Merleau, et l'un d'entre eux, perdant le Duc en route, sera l'aïeul d'Octave. Quant aux racines brésiliennes de la famille, elles sont attestées de curieuse manière au registre des naissances à Pointe-à-Pitre, où l'on fait mention d'une « Dame Reine Julie Merlo, veuve Maisonneuve, née en 1785, d'origine brésilienne ainsi qu'il est constaté par décision du gouvernement en date du 27 février 1807 ». Cette « décision » rend *de facto* assez aléatoire toute assertion sur le sujet.

Quoi qu'il en soit, Octave Merlot eut une nombreuse descendance puisqu'il se maria deux fois, eut plusieurs enfants de sa première femme Emma Eulalie et, veuf, se dépêcha d'épouser Louise Laly, la propre sœur de la défunte. Là encore, on voit la grande incertitude qui règne dans la définition des noms de famille que les clercs notaient toujours plus ou moins phonétiquement, jusqu'à une époque relativement récente.

En mars 1891, Octave allait doucement vers ses soixante-dix ans et commençait à jouir en paix de ses prérogatives de patriarche, lorsque sa femme Louise lui donna un vingt et unième enfant. Un solide garçon que l'on baptisa Alexandre-Joseph et qui grandit, comme ses frères et sœurs, au lieu-dit « le Bananier », juste au pied du volcan de la Soufrière, au milieu d'une incroyable profusion de lumière et de couleurs. Toutes sortes de bleus, toutes sortes de verts, de rouges et de jaunes; mais aussi toutes sortes de peaux. Car la succession de mariages entre mulâtres aboutit forcément, à plus ou moins brève échéance, à une multitude de nuances dont la palette forme un camaïeu infini. Certains cousins guadeloupéens de Julien sont donc tout à fait blancs, d'autres, bien que très clairs, conservent des traits négroïdes, d'autres encore ont les yeux bleus mais la peau brune et le cheveu crépu; certains enfin, tels des Indiens, ont le teint sombre et des chevelures raides.

> J.C. : *Une cousine de mon grand-père, qui avait réussi dans la couture à Pointe-à-Pitre, était venue à Paris. Je la revois encore à la maison, affirmant avec une certaine véhémence qu'il n'y avait pas une goutte de sang noir dans la famille, qu'il n'y avait que du sang Indien caraïbe. Cela me faisait beaucoup rire.*

Aux premiers jours de la Première Guerre mondiale, Alexandre-Joseph quitte son île pour aller patauger dans la boue des Dardanelles. Cette campagne, un peu oubliée, fut, en fait, l'un des épisodes les plus tragiques et les plus sanglants de cette « Grande Guerre », qui pour sept des frères Merlot sera vraiment « la Der des Ders »...

Revenu de Salonique, Alexandre participa à la seconde bataille de la Marne, qui, en juillet 1918, devait être déterminante pour l'issue du conflit. Puis, démobilisé, il se fixe en France, épouse une jeune fille de Saumur, Marie-Louise Effray, et devient ouvrier spécialisé. Au moment du Front Populaire, il adhère au Parti Communiste et, malgré les excès du stalinisme, restera toute sa vie fidèle à l'idéal qu'il s'est choisi.

Ainsi, lorsque, bien des années plus tard, son petit-fils Paul-Alain, tiraillé entre deux milieux fondamentalement opposés, essaiera de l'entreprendre sur le sujet, sa réponse sera immuable. Bourrue, mais en forme de clin d'œil : « Écoute, mon p'tit bonhomme... Ton grand-père fait de la politique depuis cinquante ans; toi, tu n'y connais rien. Alors ne discute pas! »

Alexandre, Marie-Louise et leurs deux enfants vivent à Paris dans un petit deux-pièces, au sixième étage du 13, rue Poirier-de-Narçay, c'est-à-dire à la Porte d'Orléans.

Tandis que son mari travaille en usine, Marie-Louise fait des ménages dans le quartier et, le plus souvent, emmène sa dernière née avec elle. C'est ainsi que la petite Evelyne fait connaissance, dès l'âge de quatre ans, de celui qui, quinze ans plus tard, deviendra son mari : Paul Leclerc. Pour l'instant, celui-ci en a quatorze et quelques. C'est un adolescent solitaire et studieux, élève plus que brillant, cohabitant avec un père avec lequel il ne s'entend pas outre mesure, dans un appartement sans chaleur qui porte le deuil de sa mère.

Sa généalogie est beaucoup plus facile à établir que celle des Merlot, dans la mesure où toute sa famille ou presque est originaire du Poitou. De Champigny-le-Sec – ainsi nommé parce qu'il faut aller puiser l'eau à trente-sept mètres de profondeur – du côté de sa mère, née Berthe Dubois; et des Trois-Moutiers, du côté de son père. Même pas quatre-vingts kilomètres entre les deux bourgs.

Les Dubois descendent d'une lignée de paysans et leur

demeure familiale est encore une ferme aujourd'hui. A l'échelle de leur commune, ce sont des notables, et le père de Berthe sera maire de Champigny pendant plus de vingt-huit ans.

Quant aux Leclerc, si leur saga est un peu moins paisible, elle donne à elle seule une vraie leçon d'histoire de France. Auguste Toineau, l'aïeul qui construisit la maison des Trois-Moutiers, venait de l'Anjou voisin.

> J.C. : *Auguste Toineau, qui a construit la maison, plus exactement à Vaon, à un kilomètre des Trois-Moutiers, était maréchal-ferrant. La porte à double battant, avec le bas fermé, est toujours là.*

Né en février 1814, en pleine campagne de France, il aura la chance, quelque vingt ans plus tard, de sortir un bon numéro au tirage au sort des conscrits; ce qui le dispensera d'aller servir dans les armées de Louis-Philippe. Maréchal-ferrant et taillandier de son état, il aura une fille, Marie-Hélène, qui épousera en 1867 un garçon venu de Sedan : Antoine Leclerc. Celui-ci, dont le père était mort, tué par une mine, en construisant les fortifications de la célèbre citadelle dont la capitulation marque la chute du Second Empire, avait auparavant participé aux meurtrières campagnes de Crimée et d'Italie.

Dès lors, rien de vraiment étonnant dans le fait qu'Antoine Leclerc ait été toute sa vie un farouche républicain!

Marie-Hélène et Antoine auront deux fils, dont le plus jeune, Auguste, entrera dans l'administration des postes. Muté à Paris, à la recette principale de la rue du Louvre, il s'y établit avec sa jeune épouse : Berthe. La guerre mondiale incitera celle-ci à retourner quelque temps dans la ferme de ses parents, à Champigny-le-Sec; et c'est là que, le 27 janvier 1916, elle mettra au monde un garçon baptisé Paul : le père de Julien Clerc.

Revenus à Paris, les Leclerc louent un appartement dans le 14ᵉ arrondissement, rue Poirier-de-Narçay, juste en face de l'immeuble où habite la famille Merlot ; ce qui fait que Marie-Louise et sa fillette n'auront que la rue à traverser lorsque à la mort de Berthe Leclerc il faudra tenir le ménage de son mari. Nous sommes alors en 1930, Evelyne n'a que quatre ans et, pour qu'elle ne soit pas toujours à lui courir dans les jambes, pendant qu'elle travaille, sa mère l'installe avec quelques feuilles de papier et des crayons de couleurs, dans la pièce même où le jeune Paul fait ses devoirs. L'adolescent est posé, travailleur et d'une intelligence largement au-dessus de la moyenne. Élève à Montaigne, puis à Louis-le-Grand, il fera un parcours universitaire particulièrement brillant, puisqu'il sortira de Normale Sup à vingt ans et sera l'un des plus jeunes agrégés de lettres de sa génération. Evelyne est donc élevée dans le culte du petit prodige, et son enfance s'écoule au rythme des succès de Paul, que l'on fête comme il se doit.

Celui-ci sera mobilisé au 129ᵉ de ligne, en septembre 1939, soit quelques semaines à peine après son agrégation ; puis fait prisonnier en Belgique, dans les tout premiers jours de l'offensive allemande. Interné tout d'abord dans un oflag de Haute-Lusace, aux confins de la Silésie, il achèvera sa captivité au camp de Stablack, en Prusse-Orientale, jusqu'à ce qu'il soit relâché comme rapatrié sanitaire et rendu à la vie civile fin octobre 1942.

Entre-temps, Evelyne a grandi, et c'est une fort belle jeune fille de seize ans que Paul Leclerc retrouve lorsqu'il rentre dans ses foyers. Une jeune fille romanesque dont l'admiration a été décuplée par la séparation et les affres de la captivité, et s'est peu à peu transformée en amour.

Ils se marient donc en juillet 45. Quelques mois plus tard, Paul Leclerc est à New York : envoyé spécial du journal *Le Monde*, pour couvrir la première session de l'O.N.U. et le congrès de la C.I.O., l'une des deux principales centrales syndicales américaines. Il n'y reste guère, car il manque visiblement de la rondeur et de la souplesse nécessaires pour faire un bon journaliste politique. Gaulliste de la première heure, ses opinions tranchées sur l'O.N.U. et le peu de diplomatie avec laquelle il les exprime font tache dans le quotidien de Beuve-Méry qui, finalement, préférera se passer de ses services.

Un ancien camarade de Résistance lui ayant alors parlé d'un poste à pourvoir au Centre de Documentation Française de Vienne, Paul Leclerc emmène donc sa jeune épouse sur les bords du Danube. Elle est enceinte d'un bon mois lorsqu'elle arrive dans la capitale autrichienne et tous deux tomberont d'accord sur le fait qu'il vaut mieux pour elle revenir accoucher à Paris, où sa mère pourra l'aider. C'est ainsi qu'elle donnera naissance à un garçon, le 4 octobre 1947, en la clinique Remy-de-Gourmont, aux Buttes-Chaumont, dans le 19e arrondissement.

Ce bébé aux cheveux et au regard noirs, sera baptisé Paul-Alain Auguste. Auguste, comme son grand-père, et Paul-Alain parce que la mode est alors aux prénoms composés, que son père s'appelle Paul et que sa mère aurait aimé l'appeler tout simplement Alain.

Ce sont là des prénoms qu'il déteste et, plus tard, il s'en choisira lui-même un autre. Plus conforme à ses aspirations romantiques et plus stendhalien : Julien.

2.

Dès que le nouveau-né est en âge d'être transporté, sa mère retourne à Vienne rejoindre son mari. Lorsqu'elle se penche aujourd'hui sur les souvenirs de cette époque, elle a le sentiment de n'avoir été qu'une femme-enfant, passant directement, à moins de dix-neuf ans, de la tutelle de ses parents à celle d'un époux de près de onze ans son aîné et qui la surclasse largement, tant intellectuellement que sur le plan de l'expérience vécue. Le couple s'effiloche donc en quelques mois et bientôt, Evelyne Leclerc, qui vient d'apprendre que sa mère est atteinte d'un cancer du sein, rentre en France avec son bébé.

> J. C. : *J'ai très peu connu ma grand-mère maternelle. La seule image que j'aie d'elle, c'est alitée. Le jour de sa mort est mon plus vieux souvenir. J'avais beaucoup de chagrin et je demandais à ma mère si on allait pouvoir m'en racheter une autre.*

Ce qui se passe alors ne nous regarde guère, d'autant plus que chacune des deux parties a sa propre version de l'histoire. Versions contradictoires et douloureuses, qu'il ne nous appartient pas de démêler, et si chacun rejette sur l'autre la responsabilité du drame, qu'importent les faits.

J. C. : *Je ne me prononce pas là-dessus... Les histoires passionnelles sont toujours douloureuses, chacun détient sa vérité.*

Mais très vite Paul Leclerc demande et obtient que le divorce soit prononcé en sa faveur, accompagné de la garde de l'enfant, chose rarissime à l'époque. La mère fait alors appel, sur ce dernier point, et confie ses intérêts à un grand ténor du barreau, maître Tixier-Vignancourt.

Il est, a priori, fort étrange que la fille d'un militant communiste convaincu comme l'était Alexandre Merlot se fasse représenter par un homme aussi fortement marqué à l'extrême droite; mais la réputation de Tixier-Vignancourt est solidement établie et ce sera un adversaire difficile à affronter. Pour ce second procès, Paul Leclerc engage donc un avocat de renommée égale : maître Paul Arrighi, bâtonnier du barreau de Paris.

Celui-ci déteste littéralement son confrère et tout ce qu'il représente. Ancien déporté, ayant de surcroît un fils mort à Buchenwald, il fait de ce procès une affaire personnelle. La Résistance et la collaboration règlent ainsi une partie de leurs comptes autour du petit Paul-Alain qui n'a que deux-trois ans. Et, au terme d'une procédure-fleuve qui durera de juin 49 à mars 51, Paul Leclerc obtient définitivement la garde de son fils.

De tels déchirements ne vont jamais sans mal et les deux anciens époux en supportent physiquement les conséquences, chacun à sa manière. Lui fera un infarctus dans les semaines qui suivront; elle, une dépression nerveuse.

Entre-temps, Paul Leclerc s'est remarié, à Vienne, avec une de ses collaboratrices du Centre de Documentation : Ghislaine Terry, originaire de Tunisie où ses grands-parents s'étaient installés dans les premières années qui suivirent le protectorat français. Née à Sfax, elle fera cependant ses études à Alger où, parallèlement à la faculté de lettres, elle suivra en auditrice libre les cours du conservatoire de piano. Ce qui lui permettra, quelques années plus tard, lorsque Paul-Alain ira vers ses sept ans, de lui montrer elle-même les rudiments de l'instrument.

Ayant promis à son ex-épouse de ne jamais l'empêcher de voir leur fils, et par conséquent de ne pas le faire vivre à l'étranger, malgré le fait que ce soit lui qui en ait la garde, Paul Leclerc abandonne l'Autriche et rentre en France. Après une courte période de transition, dans un petit meublé de Vincennes, la famille s'installe en juin 1950 dans une grosse maison bourgeoise de Bourg-la-Reine. Sise au milieu d'un vaste jardin planté d'arbres, de buissons et de fleurs, elle sera longtemps, dans l'imagination fertile et romanesque de Paul-Alain, une villa au milieu d'un parc. Quoi qu'il en soit, le quartier est tranquille, résidentiel pour tout dire, et la rumeur du monde extérieur ne l'atteint pas. A l'abri des murs qui enclosent le jardin, l'enfant, que ses parents surnomment affectueusement « Bonhomme » ou « Le Bonhomme », n'aura que des jeux solitaires et sans turbulence, jusqu'à ce que son frère Gérard, né quatre ans après lui, soit en âge de les partager.

Alors, pour tromper cette absence et son ennui, Paul-Alain s'invente un camarade imaginaire qu'il nomme Jean-Pierre. Compagnon d'aventures et confident des premiers rêves, avec lequel il discute à haute voix, se roule dans l'herbe, fait les bêtises de son âge et partage ce « manque de batailles » qui anesthésiait déjà l'enfance de Brel, vingt ans auparavant. Jean-Pierre existe bel et bien, au point d'en parler à table avec ses parents, de lui prêter des jouets et de parfois lui faire mettre de côté une part de dessert. Il survivra à la naissance de Gérard et ne s'estompera, progressivement, que lorsque Paul-Alain sera en âge d'aller à l'école où il se fera, enfin, de véritables camarades en chair et en os, en rires et en cris.

Si Jean-Pierre fut le compagnon, parfois un peu souffre-douleur, de toutes ces premières années, il est un autre personnage qui tient également une place de choix dans le cœur de l'enfant : « Monsieur Mozart ». Son portrait, rapporté de Salzbourg par Mme Leclerc, avait beaucoup impressionné Paul-Alain et le fait qu'elle joue certaines de ses œuvres au piano ajoutait encore au respect chargé de mystères qu'il portait au jeune homme en perruque.

Ce dernier devint donc un familier de la maison et, quand « Le Bonhomme » se faisait un peu prier pour manger, il y avait toujours, dans la litanie des « cuillères pour... », « une cuillère pour M. Mozart ».

Malgré cette solitude qui lui pèse parfois, et qu'il meuble à sa manière, Paul-Alain n'a rien d'un enfant taciturne ou mélancolique. Au contraire, il déborde de vie, parle énormément, raconte toutes sortes d'histoires et s'amuse à chanter à voix de stentor tout ce qui lui passe par la tête. Son entrain semble sans limites; autant que cette imagination qui sera toujours une composante fondamentale de sa personnalité. C'est elle qui lui donnera tout jeune le goût des déguisements et de la mise en scène, elle aussi qui lui fera inventer, pour ses copains de classe, des histoires de grand-père habitant dans une case au bord de la mer où lui-même dort sur une natte de feuillage, chaque fois qu'il lui rend visite; elle, enfin, qui lui remplira le cœur de mélodies inconnues, tantôt baroques et contournées, tantôt sauvages et hurlantes.

Il serait tentant d'expliquer la fécondité de cette imagination par un besoin de refuge; car la situation familiale du Bonhomme est difficile à vivre pour un enfant d'une telle émotivité. Ne voyant sa mère qu'un week-end sur deux, comme c'est l'usage pour le parent qui n'a pas eu le droit de garde, il fond en larmes chaque fois qu'il doit la quitter pour retourner à Bourg-la-Reine. Chaque séparation prend alors des allures de rupture. D'autant que les deux milieux sont aux antipodes.

Mme Merlot, qui a repris son nom de jeune fille, est retournée vivre dans le petit appartement de la Porte d'Orléans. N'ayant aucun métier au moment de son divorce, elle commence par apprendre la sténotypie et trouve une place de secrétaire. Sans être catastrophique, sa situation matérielle n'est guère brillante et l'obligation de travailler l'empêchera toujours de partir en vacances avec son fils. C'est donc auprès de son grand-père, une fois que celui-ci aura pris sa retraite dans la région niçoise, que Paul-Alain passera la plupart des congés scolaires impartis à sa mère. Il en résultera une grande complicité, un peu amusée, entre le vieux Guadeloupéen communiste et son petit-fils raisonneur.

> J. C. : *A l'époque où j'ai connu mon grand-père, tout le monde l'appelait tonton Alexandre. Lui, qui était pourtant le dernier enfant de cette grande famille, en était devenu le patriarche. C'est lui qui m'a emmené voir mes premiers matchs de football. J'ai assisté à une ou deux rencontres Reims-Racing, quand c'étaient encore de grands clubs, avec Kopa, Fontaine... Quand je venais à Nice, nous allions, une semaine sur deux, en alternance, voir Nice et Monaco. Mon grand-père détestait le chauvinisme, me houspillait d'avoir des préférés. J'ai gardé de lui une idée un peu différente de celle qu'on a habituellement de l'Antillais nonchalant. Il me semblait assez sérieux, peut-être parce qu'il était très grand.*

Pour le reste, Mme Merlot organise sa vie en fonction des visites bimensuelles de son fils. Par réaction au fait de ne pas l'avoir à sa disposition en permanence, celui-ci est extrêmement possessif et préfère, lorsqu'il vient rue Poirier-de-Narçay, rester en tête à tête avec elle, plutôt que sortir pour aller se promener.

L'appartement se transforme alors en terrain de jeux où tout semble permis et, sa mère lui ayant offert des marionnettes de Guignol, Paul-Alain improvise un petit théâtre avec un dossier de chaise et se lance dans des représentations interminables et mouvementées.

A Bourg-la-Reine, l'ambiance est évidemment différente. Matériellement, les choses sont plus faciles, puisque Paul Leclerc est maintenant haut fonctionnaire à l'Unesco. Et puis, c'est une véritable vie de famille : les bébés se succèdent au rythme régulier d'un tous les deux ans. Après Gérard, né en septembre 51, il y aura trois filles : Sylvie, Christine et Marianne, et pour finir, un dernier garçon, Jean-Noël, dont Paul-Alain est aussi le parrain. Loin de correspondre aux habituels clichés sur la belle-mère marâtre, Mme Leclerc que Paul-Alain appelle « Maman Ghislaine » ne fera jamais de distinction entre Le Bonhomme et ses propres enfants. Quant à son mari, peut-être à cause d'un remords secret, il portera toujours une tendresse toute particulière à ce fils dont il dit : « Il fallait que je sois à la fois son père et sa mère... »

> J. C. : *C'est vrai, je suis très reconnaissant à ma belle-mère de la façon dont elle m'a élevé. J'avais conscience, aussi, d'être le préféré, le protégé de mon père.*

Paul-Alain est donc un enfant aimé, dans l'un et l'autre de ses foyers. Un enfant aimé et qui le sait. Il en sera d'ailleurs ainsi tout au long de sa vie : bambin, adolescent, jeune chanteur plein de promesses ou star incontestée au sommet de la pyramide, Julien forcera toujours l'affection et n'aura jamais à se battre pour conquérir l'estime de ceux qui l'approchent. Et c'est justement dans cette profusion d'amour qu'Étienne Roda-Gil, pour qui le moindre fait constaté fournit matière à analyse, verra l'origine de la vulnérabilité émotionnelle du chanteur; tant il est vrai que « le fait de parfois manquer d'amour aide à se forger une cuirasse permettant de supporter les choses les plus blessantes ».

L'époque n'étant pas encore à la généralisation des écoles maternelles, réservées alors en priorité aux enfants dont les mères travaillent, c'est Mme Leclerc qui donne à Paul-Alain ses premières notions de lecture et d'écriture. Puis arrive le jour fatidique de sa première rentrée des classes. Il a six ans et n'est jamais sorti du carcan familial, si ce n'est pour rendre visite à sa mère. Les seuls enfants qu'il a pu fréquenter jusque-là sont Jean-Pierre, l'ami rêvé, M. Mozart et son petit frère Gérard qui n'est encore qu'un bébé. Le monde se limite donc aux murs du jardin et si ce dernier est le lieu de toutes les aventures, sa clôture est un formidable rempart entre l'enfant et la réalité.

Les premiers jours à l'école communale de Bourg-la-Reine sont une épreuve insurmontable. Le vieil instituteur lui semble terrifiant et les gamins, tout au plus chahuteurs et délurés, de la dernière brutalité.

C'est le drame. A la fois les larmes et le mutisme. Et l'enfant plonge dans un désespoir sans fond;

> J. C. : *Mon père, me surestimant sans doute, avait essayé de me faire sauter une classe et entrer directement en 10ᵉ. Ç'a été terrible. Je me souviens de l'épisode des 2, mon père très en colère parce que je n'arrivais pas à tracer des 2, ma*

belle-mère venant lui dire : « Mais arrêtez d'embêter cet enfant, c'est ridicule! » J'y repense avec le sourire, mais quel drame alors!

jusqu'à ce que ses parents réagissent et l'inscrivent en onzième au lycée Lakanal, à Sceaux.

J. C. : *C'était une classe mixte, et là j'ai eu un amour très fort pour une petite blonde qui s'appelait Fabienne. François George et Laurent Theis, cités plus loin, s'en souviennent très bien.*

Bien que jouissant d'une réputation prestigieuse, Lakanal est un établissement un peu vieillot, qui est en train de s'endormir sur sa gloire passée. Proust, Alain-Fournier et Giraudoux y ont bien fait leurs études, mais c'était un bon demi-siècle plus tôt. A présent, l'ambiance y est feutrée et la cour de récréation semble tout autant à l'abri de l'agitation du monde contemporain que le jardin des Leclerc. On y perpétue une tradition littéraire des plus classiques, où la notion de « bonne famille » prend tout son sens; et les enfants de la bourgeoisie peuvent y mener en paix une scolarité sérieuse et, le plus souvent, sans grand panache.

J. C. : *Lakanal m'a semblé, au contraire, d'un bon niveau. J'ai revu toute ma classe, lors d'une émission de Sabatier. J'y ai retrouvé deux camarades au ministère de la Justice, je ne sais combien de professeurs de philo, de psychiatres. Le niveau de la classe était plutôt élevé. Moi, oui, j'étais sans panache... mais pas les autres.*

Les petites classes sont mixtes, jusqu'en sixième, et les maîtresses, pour la plupart de braves femmes, bien moins impressionnantes que les instituteurs de l'école publique.

Paul-Alain retrouve là une bonne partie de la douceur à laquelle il a été habitué et, du coup, ses blocages sautent. Il s'adapte rapidement à cette nouvelle vie et gardera même très longtemps des rapports amicaux avec Mme Burel, sa toute première institutrice.

> J. C. : *Son mari, qui était professeur de musique dans le même lycée, était parfois obligé de venir rétablir l'ordre dans sa classe. Je chahutais beaucoup; elle avait écrit, dans un de mes bulletins scolaires : « Fait le crocodile en classe. »*

Sans snobisme ni affectation, mais sans le moindre embryon de doute à ce sujet, les Leclerc croient aux traditions et aux valeurs de leur classe sociale. La vie, dans la grande maison familiale, s'organise donc autour d'usages et d'horaires précis, et avec une totale absence de fantaisie. Le moindre fait quotidien semble régi par un code intransgressable, sur lequel pèse la personnalité du père, au sens quasi romain du terme. Brillant intellectuel, plutôt conservateur et d'un caractère entier, c'est également quelqu'un d'une grande rigueur morale et d'une grande droiture; ce qui lui valut les déboires que l'on sait, lors de sa tentative de collaboration au *Monde*.

> J. C. : *J'ai sans doute hérité de lui, mais ces traits, chez moi, sont adoucis par ce que j'ai reçu de ma mère.*

Des années plus tard, Julien Clerc dira : « Mon père n'a jamais eu de véritable enfance. »

> J. C. : *Je l'ai dit parce que je l'ai entendu dire.*

Ça n'est pas tout à fait exact car, s'il est vrai que les études et les devoirs semblent avoir pris le pas sur les jeux, la rêverie et la fantaisie, chez un adolescent que ses anciens condisciples évoquent encore comme un mélange un peu austère de fort en thème et de bête à concours, Paul Leclerc a toujours su conserver une sorte de jardin secret, défriché et entretenu par son parrain Georges Schmitt. Ce dernier était un collègue de son père, à la poste de la rue du Louvre. Vieux boulevardier des années folles, il connaissait assez bien quelques-unes des grandes figures de l'époque, au point de tutoyer Bruant et d'avoir toujours promis au jeune Paul de lui présenter Cécile Sorel.

Son influence intellectuelle sur son filleul fut grande, surtout après la mort de la mère de celui-ci, lorsqu'il entreprit de sortir l'adolescent dans le monde et de l'emmener au spectacle, lui faisant ainsi découvrir aussi bien le cabaret que le théâtre. Paul Leclerc en gardera un goût marqué pour les chansons d'Aristide Bruant ; ce qui étonne toujours un peu chez cet intellectuel conservateur à la formation ultra-classique. Ainsi donc, en marge de ses occupations officielles, l'agrégé de lettres écrit-il des vers : bouts rimés, poèmes en alexandrins et même, parfois, paroles de complaintes à la manière du chansonnier montmartrois qu'Anatole France appelait « Le Maître de la rue ».

Pour avoir souvent entendu chanter *Rue Saint-Vincent*, lors de ces anniversaires et autres banquets familiaux périodiques, qui se terminent inévitablement par des chansons, Julien Clerc conservera longtemps une aversion de principe pour les couplets faubouriens de l'homme à l'écharpe rouge.

> J. C. : *Non que je les aie vraiment détestés, mais mon père, depuis des années, invitait à la même date les mêmes gens pour son anniversaire et chaque fois un certain M. de Lipsky chantait la chanson préférée de mon père,* Rue Saint-

Vincent. *Le jour où j'ai vu Renaud entrer en scène à Bobino avec un texte magnifique,* Lézard *je crois, sur un accordéon, j'ai été très heureux de réentendre Bruant. Non, ce n'était pas de l'aversion.*

3.

Dans le cocon douillet de Lakanal, il est tentant de se laisser aller à la quiétude, et Paul-Alain se contente de suivre le flot sans faire d'efforts particuliers. Malgré une intelligence évidente, il restera tout au long de sa scolarité un dilettante un peu terne; noyé dans cette « bonne moyenne » qui attire immanquablement les « peut mieux faire » sur les livrets scolaires. Ni cancre, ni bûcheur, il n'obtient de vraiment bons résultats que dans les matières qui l'intéressent et où sa facilité naturelle pallie son manque d'ardeur. Ainsi se distingue-t-il en langues et en lettres. Pour le reste, il suit le courant avec plus ou moins de bonheur, sauf en maths-physique où il reconnaît avoir été « d'une ignorance crasse », et se perd dans cette masse d'élèves qui passent avec les saisons et dont les professeurs ne gardent qu'un vague souvenir, lorsqu'ils ne deviennent pas des chanteurs à la mode ou des stars en quelque autre domaine.

A ce sujet, on peut d'ailleurs constater que les seuls qui se souviennent de Paul-Alain avec précision sont MM. Jacob et Peretti, respectivement professeurs de lettres et d'italien, domaines où il excellera de la quatrième jusqu'en propédeutique. Encore faut-il ajouter que ces derniers avaient des raisons toutes particulières de s'intéresser à leur élève, puisqu'ils faisaient partie des amis de la famille. Surtout Peretti qui avait connu Ghislaine Leclerc en Tunisie.

> J. C. : *M. Jacob, qui est mort maintenant, était un intellectuel très fort, aussi bon professeur de lettres que bon germaniste (il a traduit des pièces de Bertolt Brecht pour le T.N.P.). Il arrivait la cravate de travers, on le sentait sur un perpétuel nuage. C'était un homme extraordinaire, à l'humour formidable. Il partait en vacances sur une mobylette, sac au dos et pipe à la bouche, au Monténégro ou en Yougoslavie. Je l'ai vu pour la dernière fois au cours d'une émission télévisée en Allemagne, où je l'avais emmené. Le public était mort de rire... Peretti était génial, sans doute l'un des meilleurs professeurs que j'ai eus. Il était corse. C'est amusant, plusieurs années après, j'ai épousé une demi-Corse. Et j'adore ce pays.*

En ce début des années 60, où les langues vivantes s'enseignent encore comme des architectures abstraites, sans véritable pratique du langage, mais à coups de thèmes rébarbatifs et de versions d'un autre âge, M. Peretti était une sorte de précurseur. Non content de faire plancher ses élèves sur la syntaxe de Dante ou de Pétrarque, comme l'exigeait le programme, il les emmenait régulièrement en Italie, découvrir Rome, Naples ou la Sicile, et leur apprenait même à chanter en italien pour mieux leur mettre en bouche les difficultés idiomatiques de cette langue de soleil.

Clin d'œil rétrospectif : lorsque, quelques années plus tard, Julien Clerc, devenu vedette à part entière en France, s'attaquera au marché international, il n'oubliera pas d'envoyer à son vieux prof le premier 45 tours qu'il enregistrera en italien : *Giorni e Giorni.*

Peut-être est-ce faute d'un maître d'études brillant et charismatique que le jeune Paul-Alain stagne dans cette honnête médiocrité qui lui permet de se maintenir peu ou prou à niveau et de passer sans trop de difficultés d'une classe à l'autre, sans jamais véritablement exploiter toutes ses possibilités. De fait, sa prime enfance, protégée et solitaire, le prédisposait presque à l'enseignement d'un précepteur, qui se serait chargé de mieux répartir son effort et de le stimuler dans des domaines où l'inintérêt semblait un fait acquis d'avance. C'est ainsi que Julien Clerc déclarera, plus tard, avoir toujours éprouvé le besoin de ressentir une certaine domination intellectuelle. Comme personne dans son entourage ne pouvait, mieux que son père, répondre à cette attente, il n'y a rien d'étonnant au fait que l'écolier ait été plutôt porté vers les lettres et les langues, au détriment des matières scientifiques.

M. Leclerc supervise, en effet, les devoirs de son fils qui relèvent de sa propre formation, et oriente ses lectures vers les auteurs qui lui tiennent le plus à cœur : Rabelais, Ronsard, Flaubert et surtout Maupassant.

Sans l'avoir peut-être jamais formulé aussi crûment, il fait partie de cette dernière génération de purs littéraires, pour qui les mathématiques sont une chose un peu triviale dont peut fort bien se dispenser une « tête bien faite » que l'on destine à Sciences-po et à la « Carrière ». Par contre, l'honnête homme, au sens classique du terme, se devant d'être largement ouvert au monde qui l'entoure, Paul Leclerc prendra très tôt l'habitude d'emmener, à tour de rôle, l'un ou l'autre de ses enfants en voyage à l'étranger. Étant de quatre ans l'aîné, Paul-Alain profitera plus que ses frères et sœurs de ces escapades en tête à tête, qui permettent à leur père d'approfondir les relations qu'il a avec chacun d'entre eux et de mieux explorer leur personnalité.

Le premier de ces voyages en aparté sera pour l'Autriche, son pays natal, qu'il redécouvre à l'âge de sept ans; puis il y aura la Suisse, l'Irlande, etc.

De cette époque, M. Leclerc conserve le souvenir d'un petit garçon débordant d'imagination et d'une extrême sensibilité qui, par une subtile alchimie des deux, se révèle être tout particulièrement intuitif. Ce sont là des qualités que Julien n'a jamais perdues et que l'on retrouve en filigrane tout au long de sa carrière. Elles expliquent aussi bien ses premières audaces formelles, en compagnie de Roda-Gil, que certains changements de cap ultérieurs que d'aucuns eurent du mal à comprendre et à accepter. L'intuition semble, en effet, être le pivot autour duquel s'articule tout l'individu. L'homme comme l'artiste, si tant est que l'on puisse séparer l'un de l'autre. Car Julien Clerc, qui n'est pas pour rien un natif de la Balance, ne sera jamais un théoricien. Toutes proportions gardées, c'est un personnage bergsonien : l'un de ceux pour qui le pressenti a force de raisonnement, et qui ne justifient jamais leurs coups de cœur ou leur création. Il aime ou il n'aime pas : point! Et serait bien incapable d'expliquer pourquoi il accepte ou refuse tel ou tel texte de ses paroliers. Pour lui, cela se passe toujours à première lecture : la magie prend ou elle ne prend pas et, dans ce dernier cas, ça n'est pas la peine d'essayer d'y revenir car, autre trait fondamental de son caractère, Julien ne revient jamais en arrière. Ni sur ses succès, ni sur ses échecs.

> J. C. : *C'est exact. Mais j'en retiens toujours la leçon.*

Toutefois, cela semble être une facette plus récente de son caractère, car Mme Leclerc se souvient qu'il fut un enfant diplomate et adroit : « Il ne heurtait jamais les gens de face, quand ils n'étaient pas d'accord. Simplement, il attendait que ça passe, et n'en faisait qu'à sa tête, sans redemander l'avis de personne. »

Tous les témoins s'accordent à dire que Paul Leclerc a toujours été quelqu'un de très autoritaire; et c'est peut-être le principal trait de son caractère dont ait hérité Paul-Alain. Ses jeux d'enfant, en compagnie de son frère Gérard, reflètent bien cette constante volonté de tout régimenter. Sans être, à proprement parler, le faire-valoir de son aîné, Gérard Leclerc [1] sera toujours cantonné dans le rôle de vassal. Celui qui obéit et n'a guère voix au chapitre, quel que soit le déguisement du jour. Il est l'Auguste, celui qui s'emmêle les pieds et prend des tartes à la crème, lorsque Paul-Alain est le clown blanc; le deuxième classe sitôt que son frère est commandant, et le lion chaque fois qu'ils jouent au dompteur. Si bien que le jour où, parlant de lui-même, il annonce à son aîné : « Mon général, il y a là un soldat qui ne veut pas manger sa soupe », celui-ci ordonne sans hésiter : « Qu'on lui coupe la tête. »

C'est pourtant Gérard qui sera le plus proche de Paul-Alain, parmi tous les enfants Leclerc. Le seul à véritablement partager, outre sa chambre, ses jeux et ses activités extra-scolaires. Pour les autres, la différence d'âge – presque sept ans pour Sylvie, la troisième – est trop grande et les préoccupations trop différentes. Cela engendre d'ailleurs, autoritarisme oblige, un ascendant naturel de l'aîné sur ses frères et sœurs et, au dire de leur père, Paul-Alain fera longtemps figure de « leader de

---

1. *Note de l'auteur :* Né le 2 septembre 1951, Gérard Leclerc est aujourd'hui journaliste, responsable du secteur économique sur Antenne 2.

J. C. : *J'ajouterais « brillant » journaliste! Mon père rêvait pour moi de Sciences-po et de l'E.N.A.; toutes proportions gardées, c'est mon frère qui a relevé le flambeau.*

l'opposition » dans la grande maison de Bourg-la-Reine. Opposition qui se manifeste surtout dans des points de détail sans grande importance, comme inculquer à ses frères et sœurs le dégoût de ce qu'il n'aime pas lui-même; car pour le reste, bien que colérique, Paul-Alain a beaucoup trop de finesse pour s'affronter ouvertement à ses parents.

Très tôt, il découvre l'influence de son charme et use de celui-ci avec suffisamment d'habileté pour que son père, malgré son caractère entier, ne puisse pratiquement rien lui refuser. « Paul-Alain a toujours fait ce qu'il a voulu; et s'il n'y a jamais eu le moindre conflit, c'est qu'avec lui mon mari baissait les bras tout de suite et s'inclinait toujours devant le fait accompli », explique Mme Leclerc en évoquant de nombreuses punitions ou interdictions levées avant terme, une fois la colère première retombée.

Outre le charme naturel mais soigneusement cultivé du Bonhomme, cette grande indulgence, dont ne bénéficieront pas toujours les autres membres de la famille, peut s'expliquer de deux manières différentes et complémentaires. Sa situation d'enfant du divorce, encore exceptionnelle pour l'époque, incite à un surcroît d'attentions, de tendresse qui, d'une certaine manière, donne l'impression de réparer un peu de l'injustice qui lui est faite. Et puis, sa position de premier-né, avec quatre ans d'avance sur Gérard, fera de lui un interlocuteur toujours privilégié aux yeux de son père.

Mme Leclerc, quant à elle – et c'est à son honneur –, ne marquera jamais de différence. Mais, là encore, le fait que Paul-Alain soit l'aîné fera qu'il sera le premier à profiter de sa passion pour le piano. Il n'a guère qu'un peu plus de trois ans lorsqu'elle lui fait déchiffrer note à note, sur le clavier, les mélodies des comptines qu'elle lui a apprises.

J. C. : *Tous ensemble, aussi. Nous nous mettions autour du piano et de ma belle-mère, et chantions de vieilles chansons françaises.*

Plus tard, c'est elle également qui lui inculquera les rudiments de la technique et du solfège, avant de l'inscrire, vers sa neuvième année, aux cours d'un jeune professeur : Mlle Savigny. Le niveau d'études pianistiques de Mme Leclerc, qui avait fréquenté le conservatoire d'Alger dont la réputation était alors excellente, lui permettait sans aucun doute de pousser plus avant la formation de son beau-fils ; mais elle reconnaît elle-même « qu'on n'a jamais toute l'autorité requise sur ses propres enfants ».

Dès lors, il devint rapidement évident que le sérieux de l'entreprise se devait de passer par une tierce personne.

Comme il n'y avait pas encore à cette époque d'école municipale de musique à Bourg-la-Reine, et dans les environs immédiats, c'est une association bénévole, « Les Nuits de Sceaux », qui se chargeait d'organiser ces cours collectifs auxquels Paul-Alain assistera, avec plus ou moins d'enthousiasme, pendant sept ans. Les premiers temps, il aborde l'instrument avec conviction et semble même y trouver un plaisir certain ; mais peu à peu le travail scolaire devenant plus absorbant, le piano, qui empiète sur les loisirs, prend des allures de pensum. D'autant que l'éducation musicale de l'adolescent ne s'arrête pas là, car sa belle-mère l'a également inscrit aux Musigrains. Fondés par Mme Arbeau-Bonnefoix, ces derniers sont une espèce de cercle culturel qui organise des conférences sur l'histoire de la musique, la vie des grands compositeurs et la découverte des différents instruments avec leurs littératures spécifiques. Le tout illustré par les interventions d'un véritable orchestre symphonique.

C'est remarquablement bien fait, un brin snob, et mortellement ennuyeux pour Paul-Alain qui sera pourtant lauréat d'un de leurs concours annuels. A ce titre, il sera, selon l'usage, reçu par Mme la fondatrice en son hôtel particulier de la rue Saint-Louis-en-l'Ile; ce qui peut sembler un tantinet anachronique en cette fin des années 50 où le rock and roll s'est déjà lancé à la conquête du monde [1].

> J. C. : *A cette époque – c'est dire que je ne chômais pas! – j'étais aussi inscrit, pour un jeudi par mois, aux matinées de la Comédie-Française. J'ai ainsi eu la chance de voir Louis Seigner dans* Le Malade imaginaire *ou* Le Bourgeois gentilhomme.

« J' n'étais encore qu'un enfant d'chœur/que j'avais déjà un cœur de rocker », chantera Julien Clerc quelque vingt ans plus tard. Bien que cela ne soit pas tout à fait vrai – car il ignorera le premier jaillissement du rock américain,

> J. C. : *C'est sûr, j'ai d'abord fréquenté les yéyés; en 1960, à douze ans, j'écoutais « Salut les copains » à la radio. Pour le rock américain, la date essentielle est 54, je n'avais que sept ans, ça ne m'intéressait évidemment pas encore; plus tard, comme tout le monde, j'ai entendu* Rock around the clock *dans les boums. Mais je n'étais pas totalement ignorant. Et puis, quand d'autres*

1. *Note de l'auteur :* Pour mémoire, rappelons quelques dates essentielles : avril 1954, *Rock around the clock* par Bill Halley; juillet 54, premier disque d'Elvis Presley; mars 1960, *T'aimer follement*, premier titre gravé par Johnny Hallyday; et 19 août 1962, formation définitive des Beatles rejoints par Ringo Star.

écoutaient du rock, j'écoutais beaucoup de blues, j'achetais les disques de la collection « American folk blues Festival ».

pour n'être frappé que par la vague suivante venue d'Angleterre –, il est certain que la musique qu'on lui demande de décortiquer à l'époque ne l'intéresse plus depuis longtemps. Aussi, lorsqu'il arpège ses gammes, dans le salon-salle à manger au rez-de-chaussée de la maison familiale, lorgne-t-il de plus en plus souvent par la fenêtre, en direction du jardin et de la liberté.

Cette liberté, il ne la vit pleinement que par intermittence, pendant quelques semaines d'été, au cœur de ce Poitou où ses ancêtres paternels puisent leurs racines.

Les vacances des Leclerc seront, en effet, longtemps régies par un rythme immuable. Le père prenant ses congés en juillet, parce que les jours y sont plus longs qu'en août, toute la famille s'entasse alors dans une grosse Domaine [1] pour un voyage vers l'Italie, le Portugal ou l'Espagne, ou un séjour au bord de la mer, du côté de Fouras ou de Royan. Puis, au mois d'août, alors que son mari reprend son travail à l'Unesco, Mme Leclerc s'installe avec les enfants dans la maison des Trois-Moutiers. Solide bâtisse à un étage avec, au premier, une chambre à trois lits pour les garçons et une autre semblable pour les filles, elle est sise presque en face d'une ferme exploitée par un couple de cousins germains de Paul Leclerc : les Gauthier.

Sensiblement plus âgés que ses parents, ils se prennent de vive affection pour « Le Bonhomme »; et bientôt, une véritable complicité de petit-fils à grand-mère se noue entre Paul-Alain et celle qu'il appelle « Tata Rolande ».

---

1. *Note de l'auteur :* La Domaine est la version break de la Frégate fabriquée par Renault.

Dès qu'il le peut, le petit citadin donne la main aux travaux de la ferme, découvrant ainsi un monde merveilleux : celui des animaux. Poules, canards, lapins, cochons, chiens, vaches et dindons; et surtout, plus fabuleux encore que tous les autres : Bayard, le gros cheval de trait.

> J. C. : *En réalité, je crois que j'étais surtout dans les pattes de mes cousins, et que je les gênais! Mais mon frère et moi adorions nous lever très tôt, pour le petit déjeuner, avant qu'ils aillent moissonner, vers 5-6 heures. Nous mangions des omelettes, des haricots froids, les mogettes du Poitou, fricassées à l'échalote et à l'huile de noix.*

Avec les gamins de son âge, Paul-Alain trotte à travers champs, grimpe aux arbres, s'écorche aux buissons et réinvente un Far West très brélien dans les bosquets des alentours. La campagne lui semble sans limites, élargissant son horizon à l'infini et repoussant d'autant les bornes de son imagination. Lui, l'enfant rêveur et peut-être un peu trop couvé, se découvre alors des trésors d'énergie à dépenser et de véritables compagnons d'aventures. Il apprend à trinquer avec les paysans du cru, verre d'orangeade contre verre de vin, et fouille les greniers à la recherche de vieilles nippes pour se déguiser. Car c'est une de ses grandes passions : endosser la peau d'un personnage inventé ou, mieux encore, contrefaire jusqu'à la caricature des figures familières que tout le monde peut reconnaître. Sur ce point, tous les souvenirs de ses proches se rejoignent : Paul-Alain est un imitateur-né. Un véritable homme de spectacle, capable de pasticher pendant des heures un camelot croisé dans la rue, un commentateur de match de football, une vieille voisine, la « Mère Cigogne », ou le dompteur d'un cirque où ses parents l'ont emmené. Il s'identifie tellement à ses modèles qu'un jour, en pleine cage aux fauves, il interpelle son père qui allait s'asseoir dans un fauteuil du salon et, le lui montrant de sa baguette : « Pas là, voyons! tu vois bien qu'il y a un lion. »

La technique de l'Actor-Studio. Ni plus, ni moins!

4.

Cette fantaisie naturelle de Paul-Alain contraste avec son milieu familial qui, sans être austère, n'en est pas moins rigide. Ainsi M. Leclerc refuse-t-il, par exemple, qu'il y ait la télévision à la maison. A peine la T.S.F. y est-elle tolérée. Et encore; elle ne sert guère qu'à écouter les informations, chaque soir, afin de se tenir au courant des nouvelles du monde. Autres émissions suivies avec beaucoup de régularité : « En direct avec vous », la chronique, ô combien moralisatrice, de Jean Nocher, et, bien sûr, les discours et conférences de presse du Général. Paul Leclerc est, ne l'oublions pas, un gaulliste de longue date, et les « événements d'Algérie », comme on les nomme alors avec pudeur, viennent de rappeler aux Affaires l'homme du 18 juin.

Discours d'Alger, autodétermination, journées des barricades, putsch des généraux, et appel aux armes de Michel Debré, pour sauver la patrie en danger : autant de temps forts pour le jeune Paul-Alain qui vit l'épopée gaullienne à travers le regard passionné d'un véritable « fan » (c'est son mot). Aujourd'hui encore, bien qu'un peu plus nuancée, son estime pour de Gaulle reste profonde : « J'ai hérité de l'admiration de mon père; mais est-ce bien la même que lui? La mienne n'irait-elle pas plutôt à l'homme de spectacle que l'on redécouvre en ce moment ? »

> J. C. : *Je me revois très bien, un samedi midi, au retour du lycée, apprenant à la radio le putsch des généraux. Mon père, qui admirait de Gaulle, était si important pour moi, intellectuellement, que je suivais le mouvement. De Gaulle était un homme de médias extraordinaire. En 1965, on avait l'impression que la télévision était faite pour lui. Aujourd'hui, selon moi, Mitterrand surpasse tout le monde dans le show télévisé : visiblement il y a pensé, a travaillé, il reconnaît lui-même ses progrès !*

Le son de cloche est évidemment bien différent chez sa mère, où le garçon va passer un week-end sur deux et une partie de ses vacances. Communiste militant depuis 36, Alexandre Merlot, le grand-père venu de Guadeloupe, n'a pas vraiment les mêmes repères historiques. De la manifestation algérienne d'octobre 1961, avec ses conséquences tragiques, à celle de Charonne, à peine quatre mois plus tard, l'épopée a pour lui des airs de farce macabre [1].

Ainsi tiraillé entre deux certitudes incompatibles, Paul-Alain fait, à son insu, l'apprentissage de ce métissage culturel qu'il revendiquera plus tard avec tant de conviction.

---

1. *Note de l'auteur* : La manifestation du 17 octobre 1961, qui regroupait dans les rues de Paris des milliers d'Algériens réclamant leur indépendance, fut réprimée avec une violence inouïe. Pendant plusieurs jours, la Seine charria des cadavres et l'on recensa pour finir plus de cent quarante morts (chiffre avancé par l'Inspection Générale de la Police). Sans compter les disparus. Celle du 2 février 1962 se termina, sur les escaliers de la station de métro Charonne, par le décès de neuf manifestants. Préfet de police en exercice à l'époque : Maurice Papon.

Rien à voir, sur ce point, avec les origines ethniques de sa branche maternelle; car il serait par trop simpliste de vouloir réduire le métissage à une banale histoire de sang, de race et de géographie. C'est avant tout une question d'équilibre. Celui qui permet de se maintenir à distance égale des idées, des cultures et des doctrines; non par refus d'en adopter une au détriment des autres, mais par volonté de ne jamais rien rejeter sans appel. Car, à force de voir le décor et l'envers du décor, le garçon comprend intuitivement que l'un n'existe pas sans l'autre. Ne peut pas exister. Dès lors s'insinue en lui une conviction qu'il mettra peut-être des années à formuler clairement mais qui, germe minuscule, commence déjà à aiguiser sa sensibilité et le regard qu'il pose sur les gens et les choses : la conviction de n'être jamais l'homme d'un seul camp, d'une seule race, d'une seule idéologie.

Au-delà de l'antagonisme politique, les deux foyers de Paul-Alain semblent en effet évoluer sur deux planètes différentes. Matériellement, pour commencer. D'un côté, une vaste maison, un jardin, des arbres et des fleurs, dans la zone résidentielle de Bourg-la-Reine qui jouxte L'Haÿ-les-Roses, banlieues paisibles s'il en est; de l'autre, un petit deux-pièces au sixième étage d'un immeuble sans grâce ni originalité, à la Porte d'Orléans, un de ces quartiers populaires et bon enfant auxquels les différentes rénovations qui vont bientôt meurtrir Paris n'ont pas encore fait perdre leur cachet.

Deux mondes que séparent le confortable traitement d'un haut fonctionnaire à l'Unesco et le salaire étique d'une secrétaire sténotypiste. L'aisance et la précarité : le contraste est grand, bien sûr, mais Julien, enfant imaginatif, l'élargit encore rétrospectivement. Il oppose dans ses souvenirs un univers de rigueur, de traditions et d'horaires stricts, à une sorte de *no man's land* de cocagne, sans aucune contrainte, où plus rien n'existe hormis le plaisir d'avoir sa mère toute à lui. Si la grasse matinée remplace effectivement la messe dominicale, et si Bécaud, Brassens et Montand lui font un peu oublier l'austérité du *Clavier bien tempéré*, il semble néanmoins que la réalité n'ait pas été aussi manichéenne.

Simplement, convaincue de la qualité de l'éducation que Paul-Alain reçoit chez son père et sa belle-mère, Mme Merlot s'attache à lui offrir une oasis de fantaisie et à ouvrir d'autres portes.

Ayant toujours rejeté l'idée d'un remariage, afin d'être entièrement disponible à son fils, elle lui consacre entièrement chacune des heures qu'il vient passer chez elle; et cela conforte le tempérament possessif de Paul-Alain. L'appartement de la rue Poirier-de-Narçay devient ainsi un havre dont il préfère ne pas sortir, gardant sa mère pour lui seul et oubliant la réalité du monde extérieur et ses contraintes.

Chaque retour à Bourg-la-Reine prend alors des allures de retour d'expéditions lointaines et l'ancre un peu plus dans la certitude de sa différence par rapport à ses frères et sœurs, et à ses copains de Lakanal.

Paul-Alain a treize ans lorsque ses parents l'inscrivent aux Éclaireurs de France; et ce sera l'une des grandes aventures de son adolescence. On peut se demander, a priori, pourquoi les Leclerc, catholiques pratiquants, ont choisi ce mouvement laïque plutôt que les Scouts dont l'idéologie correspondait mieux à leur propre vision des choses. La réponse tient en deux points. D'une part la volonté de Mme Leclerc qui, pour avoir eu une sœur Éclaireuse, trouvait « anormal d'avoir embarqué la religion dans le scoutisme qui, au départ, n'était pas confessionnel »; et puis de l'autre le hasard d'une rencontre. D'assez proches voisins, la famille Arnaud, étaient en effet de fervents adeptes du scoutisme. Le père était même commissaire national, tandis que les deux fils, élèves à

Lakanal, appartenaient à une troupe très dynamique et très sportive, dont la plupart des membres étaient plus vieux que Paul-Alain d'au moins un ou deux ans. Or, bien que catholiques, eux aussi, les Arnaud avaient quand même opté pour les Éclaireurs.

Ainsi chaperonné, l'adolescent rejoint la troupe du lycée Montaigne, où il découvre la notion de groupe et la vie en commun.

> J. C. : *Mon plus proche copain, dans la famille Arnaud, c'est Charles-Antoine. La troupe Lakanal était beaucoup plus paramilitaire que la troupe Montaigne, qui avait un côté « rive gauche », plus sympathique. Je ne sais pas si je serais allé aux scouts, c'était trop marqué, les Éclaireurs de France avaient une liberté de choix confessionnel qui me convenait parfaitement.*

Ces activités de plein air ne manquent pas de lui rappeler ses escapades buissonnières des Trois-Moutiers et, pour la première fois, il est pris en main par d'autres gens que ses parents. Cette indépendance nouvelle, par rapport à sa famille, lui permet de développer sa personnalité sociale dans un contexte à la fois beaucoup plus souple et beaucoup plus rigide. Souple car, presque anonyme sous son uniforme bleu, il n'est plus Paul-Alain Leclerc, mais un " Kastor Laborieux " parmi les autres, qui échappe quelque peu à la formidable emprise paternelle; mais rigide de par le fonctionnement très structuré et hiérarchisé de tous ces mouvements de jeunesse qui s'inspirent peu ou prou des règles quasi militaires définies par Baden-Powell. Une telle organisation en troupes, patrouilles, etc. ne peut que favoriser l'éclosion d'un caractère naturellement autoritaire : « Dès le moment où on m'a nommé chef de quelque chose, je suis devenu impossible. Les gens en dessous de moi en prenaient pour leur grade. En même temps, d'ailleurs, je me pliais mal à la discipline, je refusais l'uniforme et j'ironisais sur les us et coutumes du groupe [1]. »

> J. C. : *Je ne sais pas pourquoi j'ai dit ça; je n'ai jamais été plus haut que second de patrouille. Si j'ai pu être « impossible », c'est parce que j'étais assez rebelle à certaines pratiques. Ainsi je n'appréciais guère que les chefs séparent les filles des garçons dans le car; une fois, j'ai un peu semé la pagaille parce que je trouvais cela anormal.*

Au bout du compte, Paul-Alain finira par se faire exclure de l'association, après trois années plus ou moins tumultueuses de véritable intérêt mêlé de regimbement. Mais l'expérience aura été enrichissante à plus d'un titre. D'abord, il y aura eu les camps d'été, en Auvergne, en Italie (jusqu'à Venise) et en Espagne, dans la province de Teruel; et surtout, c'est avec une Éclaireuse qu'il vivra sa première véritable histoire d'amour : son premier flirt. Elle s'appelait Dany et la révélation de leur idylle comptera pour beaucoup dans la marginalisation de Paul-Alain au sein des " Kastors Laborieux ", et son renvoi de la troupe Montaigne.

Il a alors seize ans, l'âge de toutes les crises; et, en quelques mois, il vient d'abandonner coup sur coup les deux choses qui ont le plus marqué son adolescence : le piano et le scoutisme. Les deux seules activités qui lui permettaient jusqu'alors de s'ouvrir au monde et d'échapper régulièrement à l'emprise familiale et scolaire.

---

1. *Note de l'auteur* : Propos recueillis par Danièle Heymann in *Julien Clerc*. Éditions Seghers, collection « Chansons d'aujourd'hui », n° 16.

Avec la pudeur sarcastique de cet âge, qui n'est souvent qu'une façon de dissimuler son manque de sûreté derrière un fin vernis de dédain, il affirme que la musique le barbe et que, pour le reste, il n'allait pas passer toute sa vie en culottes courtes. Mieux, il fait du prosélytisme à rebours et se gausse de Gérard, qui, toujours à cause de ses quatre ans de retard, vient d'entrer chez les très catholiques Cœurs Vaillants, où son responsable de section n'est autre qu'un certain Yves Mourousi.

> J. C. : *C'est plutôt mon père, en fait, qui se gaussait de Gérard! Un jour celui-ci était revenu un peu débraillé, chemise sortie, braguette ouverte, et mon père l'avait appelé « Cœur vaillant quéquette au vent ». Je n'ai pas manqué de m'en resservir!*

Mais, au-delà du sarcasme, la leçon a touché Paul-Alain qui, désormais, gardera ses distances envers tous les groupes constitués.

Ainsi est-ce avec une méfiance instinctive qu'une vingtaine de mois plus tard il aborde l'U.J.P. où son père veut absolument l'inscrire. Cette Union des Jeunes pour le Progrès aurait tout aussi bien pu s'appeler «Jeunesses Gaullistes », si une autre dénomination de ce genre n'avait encore été dans toutes les mémoires, de manière aussi tenace que détestable.

En fait, le véritable but d'une telle organisation n'est pas l'endoctrinement, comme on a pu le dire ou l'écrire un peu hâtivement; car à moins d'y avoir été inscrits sous la contrainte d'un proche, tous les adhérents sont déjà pétris d'admiration pour leur « grand homme » et, quitte à revenir dessus quelques années plus tard lorsqu'ils auront mûri, ont déjà fait leurs choix sociaux et idéologiques. Il s'agit plutôt de former les futurs cadres, la future élite du parti au pouvoir. Partant, les ambitions se révèlent très tôt et de véritables luttes d'influence, qui ne sont qu'une reproduction en miniature de nos campagnes électorales, se développent pour accéder aux postes clefs. Or, Paul-Alain, s'il est naturellement autoritaire et s'il a un tempérament de gagnant, n'est absolument pas arriviste : « Je n'ai été qu'à une seule réunion. Cela m'a semblé tellement dérisoire de voir ces types de seize ans se disputant pour une place de trésorier ou de président de bureau... »

Par ailleurs, le militantisme actif n'est pas non plus dans sa nature et il se retire de l'U.J.P. après avoir participé à un ou deux collages d'affiches.

> J. C. : *Un seul, je crois. On m'a fait lever une fois à 3 heures pour coller des affiches, mais pas deux fois! Il n'a jamais été question pour moi de me faire embrigader dans quoi que ce soit.*

Sa conviction sur la vanité des doctrines est désormais faite. Elle se nourrit, à parts égales, des analyses à l'emporte-pièce de son grand-père communiste et des petites magouilles des politicards en herbe, en qui il ne retrouve rien de la sincère admiration pour de Gaulle que lui a inculquée son père. Désormais, il contemplera le jeu politicien avec un recul amusé; mais il serait faux de dire que la politique en elle-même ne l'intéresse pas. Au contraire, elle le passionne. A tel point qu'il envisagera même, quelques années plus tard, alors que ses études hésitent entre Sciences-po et la fac de droit, de devenir journaliste politique.

Mais nous n'en sommes pas encore là. Pour l'instant Paul-Alain continue à fréquenter Lakanal et à suivre le programme sans trop de difficultés ni d'enthousiasme. Il est en première et, depuis plus de dix ans qu'il est dans le même établissement, il a fini par y nouer quelques solides amitiés. Pas énormément, à vrai dire, car il n'est pas d'un naturel très liant et son extrême timidité n'arrange pas les choses. De là, d'ailleurs, un malentendu persistant à propos de son caractère d'alors.

La plupart des témoins gardent le souvenir d'un enfant puis d'un adolescent rêveur, solitaire et secret; tandis que ses parents et ses proches parlent de ses facéties, de son imagination débordante, de sa gaieté communicative et d'un exceptionnel besoin de s'exprimer, aussi bien par le chant que par le déguisement et l'imitation : c'est-à-dire le théâtre.

Les uns et les autres ont certainement raison, chacun à leur manière, et, de toute façon, cet aspect extraverti de son tempérament n'est pas incompatible avec cette timidité foncière dont il ne se débarrassera jamais tout à fait, même au faîte d'une gloire qui ouvre toutes les portes et facilite les rencontres. Tout au plus n'est-ce qu'un moyen de la sublimer.

En cette année 1964, où Paul-Alain passe son premier bac, ses condisciples les plus proches, ceux avec lesquels il a noué les liens les plus forts, sont au nombre de trois : François George, le futur philosophe, Laurent Theis, l'actuel directeur des Éditions Mazarine, et Jean-François Hochede, le frère de Dorothée, qui sera longtemps son voisin de pupitre. Tous les quatre se connaissent depuis l'âge de six ans, puisqu'ils sont entrés ensemble à Lakanal, en onzième, et ne se sont plus quittés depuis. Sans véritablement former une bande, ils fonctionnent comme un petit clan : unis et complices.

Mais la grande amitié, éblouissante et nourricière, Paul-Alain ne la découvrira que l'année suivante; lorsque arrivera en classe de philo un nouvel élève au regard de myope et au sourire fragile : Maurice Vallet, dit « Momo », dit « Le Sénateur ».

J. C. : *« Le Sénateur » était un terme d'Étienne, c'est donc venu plus tard. Avant, je l'appelais Bellemotte (on se demande pourquoi) et, par une lamentable contrepèterie, Mollet-Varice. Il détestait ces noms et les déteste encore.*

5.

Ces deux-là ont vécu à cinq cents mètres l'un de l'autre, pendant une bonne dizaine d'années, sans jamais se rencontrer une seule fois, ni même seulement se croiser. Il faut dire que tout les séparait. A commencer par leurs milieux; car si Paul-Alain est un pur produit de la bourgeoisie aisée, Maurice Vallet est le fils d'un artisan tapissier. Aux yeux de ses parents, sa réussite scolaire, et peut-être universitaire, est directement synonyme de progression dans l'échelle sociale; tandis que Paul-Alain, pour sa part, peut à peine espérer faire aussi bien que son père.

Et puis, alors que les clôtures du jardin familial isolaient Julien dans un monde qu'il devait peupler de Jean-Pierre et de lions imaginaires, Momo se frottait très tôt aux réalités de la rue, à ses bruits et à ses odeurs. Pendant que Paul-Alain lisait Flaubert et Maupassant, il filait déjà à la poursuite du fanal rouge d'une locomotive sibérienne, sur les traces de Cendrars, et s'efforçait de dénouer l'écheveau des liens troubles qui unissaient Verlaine et Rimbaud.

Leurs assises affectives étaient aux antipodes. Alors que Paul-Alain était le fruit d'un mariage irraisonnable et raté qui devait se briser quelques mois à peine après sa naissance et le laisser à jamais en équilibre entre deux mondes, deux cultures et deux sources d'affection, Momo était l'enfant tardif d'un couple qui vivrait ensemble pendant un demi-siècle, sans autre interruption que la captivité du père pendant la dernière guerre.

Conçu au retour de cinq années d'absence, et près de dix ans après son frère, Maurice sera de ces enfants inattendus, que l'on couve avec une dévotion de grands-parents. Tout le contraire de Paul-Alain dont le rôle d'aîné serait d'ouvrir la voie à ses frères et sœurs, et défricher pour eux des expériences nouvelles, quitte à forcer parfois le blocus familial.

Rien donc pour unir ces deux adolescents qui, en quelques semaines, allaient découvrir qu'ils avaient définitivement besoin l'un de l'autre et entamer sans le savoir, en cette fin d'automne 64, une conversation toujours ininterrompue aujourd'hui.

Lorsqu'il entre à Lakanal, Maurice Vallet a déjà fait le tour de presque toutes les institutions religieuses du sud parisien. En commençant chez les sœurs, dès la maternelle, pour finir à Saint-Sulpice, rue d'Assas, après être passé, de la sixième à la troisième, chez les frères de Saint-Jean-Baptiste, à Sceaux. Pour ses parents, catholiques fervents, il ne peut y avoir de meilleure éducation et, pour faire bonne mesure, c'est chez les Cœurs Vaillants qu'ils l'inscrivent, lorsqu'il aura l'âge du scoutisme.

Un parcours si édifiant ne peut guère avoir que deux issues. Ou bien l'enfant, façonné comme une cire malléable, se coule dans le moule sans aspérités d'une foi machinale et sans états d'âme, ou bien il en sort définitivement athée, ou tout au moins libre penseur, et rebelle à n'importe quel catéchisme. C'est ainsi que Maurice Vallet conservera toujours, de ces longues années de demi-pension aux poternes de la religion, le souvenir d'une grande tartuferie et un besoin aussi vital qu'indélébile d'indépendance intellectuelle.

Contrairement à Paul-Alain, Momo ne se débrouille pas trop mal en mathématiques, et la filière qu'il a suivie jusque-là devrait logiquement le conduire en « Math élem ». Mais sa passion pour les lettres est telle qu'il décide de changer de cap après son premier bac, afin de suivre une terminale « classique », comme on disait alors par opposition à « moderne » qui désignait les sections scientifiques. C'est ainsi que, faute d'une classe de philosophie à Saint-Sulpice, il est obligé de se rabattre sur Lakanal où, de son propre aveu, il passera la plus belle année de toute sa scolarité.

Les premiers temps, Paul-Alain et lui ne se lient pas particulièrement; jusqu'à ce qu'ils s'aperçoivent qu'ils habitent vraiment à deux pas l'un de chez l'autre et prennent l'habitude de faire ensemble une partie du chemin. Reflet tangible de leur différence sociale : l'un va à pied alors que l'autre possède une mobylette. Un jour que Maurice est en retard, Paul-Alain lui propose de le prendre derrière lui.

> J. C. : *Je ne me souvenais plus de cela. En revanche, je me souviens que Momo était tout à fait diabolique en classe; il chahutait, mais sans trop se montrer. Il avait pour voisin de banc notre ami Buzut, auquel il faisait faire tout ce qu'il voulait.*

Détail infime dans l'histoire d'une vie, mais qui cimente un peu plus leur amitié naissante. Dorénavant, le trajet sera le prétexte à des discussions où chacun s'ouvre un peu plus. Les liens se créent et se resserrent. Des goûts communs les fortifient : le jazz, les Beatles, des envies de théâtre et une propension identique à la rêverie.

Au cours de cette année de philo, Momo adhère lui

aussi à l'U.J.P. Non, comme Paul-Alain, sous l'influence de son père; mais par pure logique littéraire. Détestant l'extrême droite (l'O.A.S. est encore dans toutes les mémoires) et n'ayant que fort peu de sympathie pour les communistes, il se laisse en effet convaincre par l'analyse d'André Malraux : « Un jour, il ne restera plus que les communistes et nous. » Or, de Gaulle symbolise la fin de la guerre d'Algérie et la décolonisation. La Résistance aussi. Images dont Maurice Vallet assure, aujourd'hui, qu'« on finit bien par en revenir... mais à l'époque on n'avait guère le choix ». Plus motivé que Paul-Alain, il restera dans la mouvance des jeunes gaullistes jusqu'au lendemain de 68.

Une fois leurs bacs en poche, les deux copains s'engagent dans des voies légèrement différentes, mais sans pour autant se perdre de vue ni cesser de se fréquenter. Momo s'en va rue Saint-Guillaume faire Sciences-po, tandis que Paul-Alain reste une année de plus à Lakanal, dans une classe baptisée « Technique-lettres », qui est grosso modo l'équivalent de propédeutique. Dans le but, d'ailleurs, de présenter lui aussi le concours d'entrée à Sciences-po.

> J. C. : *Cette classe préparait à propédeutique, j'ai d'ailleurs eu l'examen. Mon père ne se privait pas de dire que c'était une hypokhâgne au petit pied (il avait raison).*

Si « M. Mozart » et le piano sont toujours en quarantaine, Paul-Alain s'est réconcilié avec la musique. Sous l'influence conjuguée des Beatles et de Bob Dylan, de Thelonious Monk et de Ray Charles, il découvre une liberté d'expression jamais entrevue jusqu'alors. Toutes sortes de sonorités nouvelles qui le pénètrent, comme l'eau fait d'une éponge, et qu'il a envie de recréer à son tour, de restituer à sa manière.

Avec son argent de poche, il loue une batterie qu'il installe dans le cabanon qui fait office de resserre au fond du jardin, et entreprend de monter un groupe avec quelques copains de Lakanal.

> J.C. : *Un copain de classe antillais, Socrate Soulange, m'extorquait 100 F par leçon pour m'apprendre à faire chabada-chabada à la batterie. J'avais loué une caisse claire, une cymbale et une cymbale charleston, et je travaillais sur des disques de jazz, avec balais et baguettes.*

Ceux-ci veulent bien jouer avec lui, mais refusent tout net de le laisser chanter : à cause du vibrato naturel de sa voix.

> J. C. : *Nous reprenions des morceaux des Shadows, etc. Je m'essayais aux chœurs dans certaines chansons, et on me disait de me taire parce que, paraît-il, je chantais faux. C'est possible, d'ailleurs : on peut être un bon soliste et avoir du mal à chanter en harmonie, c'est une technique à part.*

Cette première expérience rock tournera court assez rapidement car, si les parents Leclerc tolèrent la chose tant bien que mal, les voisins, habitués au silence de ce quartier paisible, exigent l'arrêt immédiat du vacarme. Au bout de plusieurs plaintes, il devient évident qu'il faut laisser tomber. D'autant plus que les autres musiciens du groupe commencent à rechigner, trouvant peu commode de venir répéter dans un lieu si excentré.

Considérant la musique comme un passe-temps, qui permet tout au plus de briller dans les surprises-parties et d'épater les filles qu'on invite à danser, aucun d'eux ne partage cette étincelle qui grésille déjà comme une infime lumière dans la conscience de Paul-Alain. Un rougeoiement fragile qu'il faudra entretenir et attiser pendant quelques années encore, avant qu'il ne devienne ce brasier dévorant qui, tel un foyer d'alchimiste, transformera en vif-argent ce jeune dilettante qui traîne son ennui dans des salles d'étude où il ne se passe rien. « J'abolirai l'ennui » sera d'ailleurs la proclamation de fond de sa toute première chanson.

Pendant ce temps, Maurice Vallet fait du théâtre. Le vieux rêve si souvent évoqué est en train de prendre corps, depuis sa rencontre avec la Compagnie du Roule, dirigée par Gérard Lefebvre, un ancien disciple de Dullin ayant également travaillé avec l'équipe du T.N.P. Momo s'intègre rapidement à la troupe et, au bout de quelques mois, il invite Paul-Alain à participer aux répétitions. Le répertoire qu'ils montent est à base de fabliaux du Moyen Age; des piécettes burlesques aux titres mirlitonesques : *La farce du poulailler à six personnages, Le chapeau de Fortunatus,* etc. Mais l'entreprise est sérieuse et une tournée s'organise pour l'été qui approche. Tout le mois de juillet à parcourir le Lot pour jouer chaque soir dans un village différent : l'aventure des bateleurs, comme au temps de Molière ou du Capitaine Fracasse.

Paul-Alain vient donc régulièrement aux répétitions, pendant tout un trimestre; mais très peu de temps avant le départ, il quitte la troupe de manière assez inexplicable.

> J. C. : *Je ne sais pas précisément pourquoi j'ai arrêté. Beaucoup de répétitions, et on ne jouait jamais : je trouvais sans doute cela un peu dur.*

Déçu, Momo partira quand même, tout en sachant qu'il vaudrait mieux rester pour réviser ses cours en vue du rattrapage de septembre; car il vient de se faire étendre à la fin de la première année de Sciences-po. Mais son choix est fait : il ne veut pas travailler pendant l'été, et tout le reste n'est que littérature.

Or, depuis quelque temps, Paul-Alain s'est remis à tourner autour du piano de sa belle-mère. Non sans une certaine méfiance, car le souvenir du pensum est encore proche; mais avec la volonté bien établie d'avoir cette fois le dernier mot. Refusant de se replonger dans le solfège, la théorie et la technique, il entreprend de retrouver d'oreille les harmonies des blues qu'il aime et du rock anglais. Parfois il s'essaie au jazz et à Ray Charles et, devant la complexité de certaines montées, il simplifie, extrapole, taille dans la matière sonore et réduit le tout à ses propres limites. Mais cela lui plaît et il sent bien qu'il y a là plus de vérité que dans tous les exercices qu'il a pu faire autrefois. Mieux, sa maladresse même le force à l'invention : « Comme j'étais un très mauvais pianiste, et que je mettais une espèce de point d'honneur idiot à ne pas vouloir apprendre, il fallait que je joue autre chose que ce que j'entendais. Donc que je trouve des trucs à moi. »

Pour cela, il s'aide de sa voix. Pendant qu'il tâtonne sur les accords, elle se promène dans les harmonies et, peu à peu, installe une mélodie, un bout de phrase : un début de chanson.

Premières ébauches dont il écrit à la fois les paroles et la musique, tout en se rendant compte, avec beaucoup de lucidité, que les textes ne valent rien. Alors, il demande à Momo, qui lui a déjà montré quelques poèmes de son cru, de lui fournir les mots où accrocher son chant. Celui-ci tente l'expérience, mais le résultat est assez plat. Pétri de conventions aznavouriennes mal digérées, ce n'est qu'un magma mélancolique, à mille lieues des fulgurances orageuses de l'auteur de *Tu te laisses aller*.

Qu'importe! Car la musique prend corps. Elle s'insinue en Paul-Alain jusqu'à occuper une part vitale de son être, au détriment de toutes ses autres occupations. A commencer par les études; car lui aussi a manqué Sciences-po. De peu, il faut bien le dire : à peine un point. Il s'est fait bouler à l'oral de la manière la plus bête qui soit. Une simple question sur Léon Blum et il apparaît aussitôt que Paul-Alain sait à peine de qui il s'agit et n'a, de toute façon, jamais entendu parler du procès de Riom. Normal, puisqu'il a toujours vu son père affirmer que Blum n'était qu'une espèce de fort en gueule, sans véritable intérêt politique. Un simple point, donc et tout est à refaire.

Pourtant, le coup de pouce salvateur eût été facile, car le directeur de l'école de la rue Saint-Guillaume est un ancien camarade de promotion de Paul Leclerc. Mais le mot « piston » n'existe pas dans le vocabulaire de ce dernier et son intégrité morale vaut aussi pour son fils. Reste donc l'habituelle voie de garage pour jeunes gens de bonne famille qui ont loupé tout le reste : la fac de droit.

En attendant la rentrée, Paul-Alain part en Corse, à Calvi, où il rencontre un groupe de musiciens à la recherche d'un batteur. Ensemble, ils commencent à jouer dans les boîtes de nuit des stations balnéaires et, section rythmique oblige, il sympathise très vite avec le bassiste : Jean Rayteux, avec lequel il continuera de tourner pendant plusieurs années, quand les concerts de Julien Clerc se multiplieront à travers toute la France.

Au bout de quelques jours, le chanteur se fâche avec le reste de l'orchestre et lorsqu'il part en claquant la porte, tout le monde commence par se regarder dans le blanc des yeux, pour savoir qui va bien pouvoir occuper la place vacante. Cette fois, il n'est plus question de vibrato dans la voix, mais d'assurer en catastrophe le spectacle du soir. C'est ainsi que Paul-Alain Leclerc se retrouve pour la première fois de sa vie sur le devant de la scène, un projecteur dans les yeux et un micro à la main. Place qu'il n'a plus jamais lâchée depuis.

J. C. : *Je campais avec un copain, qui avait une grande collection de disques, beaucoup de rhythm and blues, de rock and roll, les Stones, etc. En un après-midi, j'ai appris vingt-cinq chansons, avec du franglais, et nous nous sommes produits là, dans cette boîte qui s'appelait Le Bout du monde, sur la plage de Calvi, 5 F nourris logés!*

6.

La rentrée 66 est désespérément morne. André Breton vient de mourir et, tandis qu'en Californie les hippies commencent à sérieusement faire parler d'eux, la France découvre Mireille Mathieu. Tous deux inscrits en faculté de droit, les étudiants Leclerc et Vallet s'installent dans « une grande année de glanderie », selon l'expression même de Momo, et pour cela plantent leur quartier général dans un petit bar situé en face de la Sorbonne : L'Écritoire.

Un flipper, un juke-box plein des Rolling Stones et des Beatles, et un va-et-vient incessant, même au plus fort des heures de cours. Certains bizuts, d'ailleurs, ne connaîtront de la vieille faculté qu'une façade aperçue au travers des vitres du bistrot. On entre, on sort, on se croise. On échange même parfois des regards lourds de sens; mais ici, on se tolère. Car la moitié de la clientèle penche à gauche et même plutôt vers l'extrême, tandis que l'autre arbore des casques de moto ornés de la croix celtique d'Occident.

D'un côté, on dissèque Sartre et Marcuse, on s'échauffe pendant des heures sur les mérites et les tares comparés de Mao et Trotski et, sans avoir vraiment de nouvelles précises, on commence à parler de ce qui se passe au

Viêt-nam; de l'autre, on discute beaucoup moins; mais on cogne sec.

Pourtant L'Écritoire est un havre. Pas question de s'affronter ici; cela est réservé au chaudes soirées du jeudi autour de Louis-le-Grand.

La paix armée, en quelque sorte, qui, par une espèce d'entente tacite, fait de ce bistrot un no man's land où il serait incongru de chercher la castagne. Se réfugiant ici, pour échapper à la morosité générale, chacun à sa manière, mais sans le savoir, prépare déjà 68.

La première rencontre marquante que Paul-Alain fera à L'Écritoire sera celle d'une jeune fille que ses amis surnomment Zaz. Elle est fine, blonde, intelligente et belle, écrit et fait de la peinture. Fille d'un haut fonctionnaire aux Finances, Marie-Françoise Aimé habite à l'époque, en compagnie de son frère et de sa sœur, une vaste maison de Bourg-la-Reine qui appartient à leurs parents. Ceux-ci vivent en province, à Châlons-sur-Marne, et leurs enfants découvrent la région parisienne avec une épanouissante sensation de liberté.

Pour Zaz, Paris est une délivrance. Elevée avec une totale absence de fantaisie, dans une ambiance familiale suffocante, cloisonnée de principes intangibles et de traditions qui ne sauraient être discutées, elle sent tomber d'un coup le carcan qui l'étouffait; et ce bonheur nouveau se retrouve dans son rire et dans l'éclat de ses yeux.

En quelques jours, Paul-Alain est amoureux. Passionnément. Et le fait que Zaz habite Bourg-la-Reine facilite les premiers contacts, les premiers rendez-vous, les rencontres et les visites. Si bien qu'un soir, il oublie de rentrer au bercail familial, pourtant à peine distant de sept ou huit cents mètres. Son absence se prolonge : un jour, deux jours, trois jours... Inquiétude! Fugue? Pas vraiment; mais quand même l'impression romanesque de couper tous les ponts pour celle que l'on aime.

En désespoir de cause, M. Leclerc finit par téléphoner à son ancienne épouse, pour le cas où leur fils serait passé chez elle ou, simplement, lui aurait donné de ses nouvelles. Mme Merlot appelle alors Momo et le charge de convaincre Paul-Alain de se mettre en rapport avec elle. Pour la rassurer, tout d'abord; mais aussi pour voir ce qui peut être négocié et comment arranger la situation. La liaison s'officialise donc et, dorénavant, les deux jeunes gens vivront ensemble dans la maison de Zaz.

C'est une période d'intense bonheur et, pendant les premiers temps, ils ne sortent pour ainsi dire pas de chez eux, s'étourdissant d'amour et de plaisir derrière leurs volets clos. Les nombreuses pièces de la maison résonnent alors d'éclats de rire, de fêtes incessantes et de la musique de Paul-Alain qui s'est remis au piano avec une obstination nouvelle.

Maurice est venu s'installer avec eux et, tandis que Zaz peint, les deux amis écrivent chanson sur chanson. « C'était une ambiance extraordinaire, une vie extra. Il n'était plus question de fac, de cours, d'habitudes. Seules nos expériences personnelles nous intéressaient. Tout ce qui nous passait par la tête était traduit en musique, en peinture ou en poèmes », se souviendra Julien, quelques années plus tard [1].

Après les premières semaines de frénésie où les jeunes amants ne vivent que de la découverte de l'un l'autre, la vie commence à se stabiliser et ils reprennent peu à peu le chemin de L'Écritoire. Si le juke-box y est toujours plein de rythmes anglo-saxons, de nouvelles voix commencent à se faire entendre dans la chanson française, avec un langage qui tranche autant sur l'insipidité des yéyés que

1. *Note de l'auteur* : Propos recueillis par Éric Vincent in *Julien Clerc*. Éditions Saint-Germain-des-Prés, collection « Vedette à la une ». Janvier 1972.

sur le classicisme des grandes figures de proue. Antoine a fait un tollé avec ses *Élucubrations* et Dutronc arrive avec le cynisme décapant de Lanzmann. Au-delà de l'aspect provocateur des deux personnages, quelque chose est en train de bouger en profondeur et, avec sa lucidité habituelle, Paul-Alain se rend bien compte que ce qu'ils pondent avec Momo est d'un conventionnel achevé qui ne peut les mener nulle part. Un combat d'arrière-garde, depuis longtemps perdu par tous ceux qui s'y cramponnent et s'y cramponneront encore pendant de nombreuses années.

Moitié par découragement et moitié par bravade, un jour qu'il passe la porte de L'Écritoire, il lance à la cantonade : « J'écris des chansons ! Qui veut me faire des textes ? » Au milieu du brouhaha, une voix : « Moi ! » Pas une seconde d'hésitation. Rien qu'un regard échangé et Roda-Gil a tout saisi en bloc. Il sait qu'il vient de croiser un authentique prince et, surtout, il comprend qu'il est seul à le savoir. Le seul à percevoir tout le potentiel d'élégance et de démesure qui sommeille en ce jeune homme sombre, sans qu'il en soit lui-même conscient.

> J. C. : *Étienne a répondu « Moi ! » sans lever les yeux. Il dessinait sur un petit badge, comme il sait très bien le faire, un peu à la Cocteau. Je l'ai emmené à la maison, en lui disant : « J'adore les Beatles, Bob Dylan, je voudrais bien qu'on fasse des chansons à la fois rythmées et avec des textes forts. » Et puis il a disparu. Avec le temps je m'y suis fait, mais au début je ne comprenais pas ; Étienne disparaissait parfois comme ça, pendant plusieurs semaines. Là, depuis douze jours qu'il était venu chez moi, j'étais impatient, je lui avais donné pas mal de musiques. Il m'a fait parvenir,*

par une copine, à L'Écritoire, notre première chanson : c'est La tarentelle, *qui est sur le deuxième disque.*

Bien sûr, il n'avait jamais écrit de chansons, et les quelques poèmes qu'il avait faits jusqu'alors étaient fortement influencés par les hermétiques espagnols et par leurs flamboyances verbales. Personne de sensé n'aurait eu l'idée de chanter ça; mais le défi était relevé et il n'y avait plus à se dédire.

Lorsqu'ils se rencontrent, Étienne Roda-Gil est sensiblement plus vieux que Paul-Alain ou que Momo, et son parcours n'a rien à voir avec les leurs. Fils d'un anarchiste espagnol qui terminera la guerre civile avec le grade de Commissaire général de la République, avant d'être interné en France au camp de concentration d'Argelès, il naît le 1er août 1941 dans un camp de réfugiés à Montauban. Une fois écroulés tous les espoirs de revanche à court terme sur le franquisme, son père reprend son métier premier d'ouvrier métallurgiste. Roda sera donc élevé dans un milieu excessivement modeste; mais où circulent les livres et les idées.

En cette fin d'année 66, il est déjà marié, père d'un petit garçon : Numa, et habite dans une H.L.M. de la banlieue sud, à Antony. En marge des petits boulots qu'il expédie pour nourrir sa famille, il tente sans conviction particulière de terminer une licence d'espagnol. Intellectuel de haut vol, Étienne Roda-Gil est un véritable dandy de l'écriture qui parle avec une égale volubilité de Malraux et de Céline, de Dashiell Hammett et de Robespierre, en passant par Jean-Baptiste Clément, Spartacus et Picasso. Curieux de toutes choses, c'est un polémiste redoutable qui n'a que deux phobies : le systématisme et l'uniformité, et qui aime à défendre, en esthète, des positions indéfendables, pour le simple plaisir de la discussion.

En un mot, c'est un personnage infiniment séduisant et, entre Paul-Alain et lui, s'opère un véritable coup de foudre, avec tout ce que cela peut avoir de passionnel.

La relation à trois : Paul-Alain, Momo, Roda, s'installe tant bien que mal. Non sans ambiguïté, parfois, entre les deux paroliers; car si l'un d'eux est le copain de longue date, l'autre est une figure envahissante qui entreprend de faire coller le chanteur à l'image qu'il s'en est faite une fois pour toutes. Cela entraîne quelques sautes d'orgueil chez Momo, et le sentiment latent d'être un peu à la traîne. Pourtant, si Roda-Gil exerce une véritable fascination intellectuelle sur Paul-Alain, il lui est moins proche affectivement que Momo qui continue à vivre dans la maison de Zaz. En fait, si l'on veut schématiser – bien que les relations entre les êtres ne soient jamais si simples qu'on puisse les réduire à quelques phrases –, Momo reste le confident et l'ami, le complice d'une relation à la « Jules et Jim » avec Marie-Françoise; tandis que Roda-Gil, plus âgé, apparaît tout de suite comme une espèce de guide. Un accoucheur d'idées qui, inconsciemment, prend le relais du père.

En marge de tout ça, Paul-Alain a remonté un groupe avec Jean Rayteux et Pency Klein, l'ancien guitariste des Vautours. Le répertoire qu'il chante avec eux est à base de rock anglais et de reprises d'Otis Redding, auxquels s'ajoutent deux ou trois titres d'Antoine et de Jacques Dutronc. Ils se produisent dans quelques boîtes et écument les rallyes du 16e. Soirées privées et snobinardes, mortellement ennuyeuses, où ils se font un argent de poche tout à fait confortable et où, entre deux petits fours, des minettes émoustillées viennent les assurer de leur immense talent. A tel point qu'ils finissent par se présenter au Bus Palladium.

Bien que l'endroit ait beaucoup perdu de son prestige passé, cela représente quand même un pas en avant important. Le marchepied de la vraie reconnaissance et de la gloire. D'autant qu'on les engage pour trois jours. Mais là, le bluff ne prend pas et ils se font purement et simplement jeter après avoir vidé une salle déjà pas bien pleine. L'amour-propre et le moral en prennent un coup; mais Paul-Alain sait déjà que sa voie est ailleurs.

Quelques mois plus tard, en mars 1967, Maurice Vallet tombe malade. C'est la tuberculose et, dans un premier temps, il est hospitalisé à Laennec où Paul-Alain vient régulièrement lui rendre visite et passer l'après-midi à discuter avec lui. Un jour, il lui annonce tout excité qu'il a obtenu un rendez-vous avec l'un des directeurs artistiques de chez C.B.S., pour une audition. Celle-ci est catastrophique. J.-J. Ekian, qui le reçoit, lui déclare tout de go que ses chansons sont inchantables et que, de toute façon, elles n'intéresseront jamais personne. Pour faire bonne mesure, il lui fait écouter quelques réussites maison du moment, en lui conseillant de fouiller dans cette direction.

Paul-Alain sort de son bureau profondément humilié et avec la détermination bien arrêtée de ne jamais renouveler l'expérience. « Plus d'audition », décide-t-il péremptoire, lorsque le lendemain il va rapporter son échec à Momo.

Autant le bide du Palladium ne prêtait pas à conséquence, car il ne s'agissait en fin de compte que d'un groupe à la petite semaine se servant des chansons des autres; autant le fiasco chez C.B.S. l'atteint personnellement dans sa création et son orgueil, et semble verrouiller les portes de l'avenir.

La stratégie pourtant était mauvaise : mal définie. Roda-Gil n'étant pas encore opérationnel, Paul-Alain a joué pour Ekian des chansons qu'il savait médiocres. « On les a d'ailleurs toutes jetées. Les miennes étaient nulles et celles de Maurice ne valaient guère mieux », confiera-t-il plus tard.

> J. C. : *Quand je me suis fait virer de cette audition chez C.B.S., à la limite c'était normal. Mais ça les travaillait : ils m'ont rappelé la semaine suivante, pour un nouvel essai. Ils m'ont encore refusé, tout en me demandant si j'accepterais de chanter d'autres textes, d'autres musiques. J'ai dit non. Pourtant, j'étais comme tout le monde, prêt à pactiser avec le diable pour faire un disque. Heureusement, j'étais entouré, nous étions tous assez intransigeants.*

Et d'ajouter avec un sourire : « J'étais tellement vexé, à la suite de cette audition ratée, que j'ai décidé de ne plus jamais en faire; ce qui est quand même une sale situation pour un chanteur... [1] »

A la fin de son traitement à Laennec, Maurice Vallet part en convalescence dans un sanatorium, à Cambo-les-Bains, au cœur du Pays Basque; tandis que Paul-Alain et Roda se remettent au travail. Il faut affiner le personnage : lui trouver un nom, lui donner une image, une crédibilité. Non pas un look, une apparence visuelle superficielle relevant du gadget; mais une perception en profondeur : une cohérence et une charge émotionnelle sensible.

L'été arrive et Paul-Alain décide avec Zaz d'aller rendre visite à Momo, et de passer avec lui une partie des vacances. Comme il vient d'obtenir son permis de conduire, après deux tentatives infructueuses, son père lui offre une voiture. Une vieille Simca 1000 rouge qu'il baptise aussitôt Zézette, et qui tombera en panne dans la

1. *Note de l'auteur* : Propos recueillis par l'auteur *in* « Dossier spécial Julien Clerc ». Revue *Paroles et Musique*, n° 49.

Nièvre, du côté de Decize. S'arrêtant chez des amis, le temps de faire réparer leur moteur, les deux jeunes gens passent leurs deux jours d'immobilité forcée à écouter et à décortiquer *Sergeant Pepper's Lonely Hearts Club Band*, le nouvel album des Beatles qu'ils ont acheté juste avant de quitter Paris. Cuivres en fanfare, sitar indien, bruitages de basse-cour et poésie à la métrique très libre : les Quatre de Liverpool, qui ont fait leurs adieux à la scène l'année précédente, viennent d'engager le rock dans la voie de la recherche à outrance. Désormais, plus de limites. La musique n'est plus un simple assemblage de notes et d'harmonies s'articulant autour d'un rythme : elle devient quête spirituelle. Un moyen de connaissance comme la philosophie ou la psychanalyse, et non plus seulement une finalité esthétique.

7.

Situé à quelques jets de pierre de la frontière espagnole, vers laquelle mènent des chemins de contrebandiers, Cambo-les-Bains doit une bonne partie de sa prospérité à Edmond Rostand qui s'y retira pour soigner sa tuberculose, après l'échec de *Chanteclerc*. Sur son impulsion, plusieurs sanatoriums furent construits et, lorsque Maurice Vallet vient y achever sa convalescence, il y règne une atmosphère étrange, à la fois irréelle et ludique. Certains malades sont là depuis plus de vingt ans et, totalement coupés du monde extérieur, s'inventent des personnages hauts en couleur, aux confins du délire. Ainsi, Momo se souvient-il d'un Al Capone inoffensif, toujours habillé à la mode de 1930 et coiffé d'un éternel Borsalino. D'autres, arrivés plus récemment, s'étourdissent en d'incessantes fêtes et passent leurs nuits à boire, à fumer et à flamber au poker. Une manière comme une autre d'échapper au désespoir et à la folie; mais peut-être pas la meilleure pour se refaire des poumons tout neufs. Le bilan que dresse Maurice, des quelques mois qu'il passera à Cambo, est d'ailleurs éloquent : « Presque tous les soirs nous prenions la voiture d'un copain pour aller faire la foire dans les boîtes de Bayonne. Si bien que moi, qui étais propre comme un sou neuf en arrivant au sana, j'en suis reparti en picolant comme un trou et en fumant deux paquets par jour. »

> J. C. : *C'était ahurissant, ce sanatorium. Momo, pour excuser ses débordements, disait toujours que le moral jouait un rôle très important dans la guérison...*

La venue de ses amis lui apporte donc un grand bol d'oxygène et, comme ceux-ci sont plutôt fauchés, il se débrouille pour que leur séjour ne leur coûte pas grand-chose. Une chambre louée pour trois fois rien dans une ferme des alentours, et les repas à la cantine du sanatorium où les pensionnaires ont le droit d'avoir des invités. Tout à côté, il y a une espèce de foyer-bar, où les gens viennent tuer le temps en jouant aux cartes. Dans ce foyer, un piano. L'après-midi même de leur arrivée, Paul-Alain s'installe au clavier et dit à Momo : « Tiens, je vais te faire écouter ce qu'on a fait avec Étienne, ces derniers temps. »

Il sort quelques feuilles tapées à la machine, les pose sur le pupitre et attaque *La Cavalerie*. Puis, *Jivaro Song*, *Yann et les dauphins* et une chanson jamais enregistrée : *Hécatombe*, sur une mélodie très dylanesque : « Mille huit cent quarante-cinq mille printemps passeront/Avant que je ne pense plus à la couleur/Sale du pavé de tes rues. »

Momo reçoit le choc en pleine figure. Maintenant, il y a quelque chose, c'est certain. Et le recul qu'il a pris, durant ces quelques mois sans les voir, rend le contraste encore plus saisissant.

De retour à Paris, on peaufine le projet dans ses moindres détails. Après quelques tâtonnements (Pascal Lerock, Joe Leclerc, etc.), Paul-Alain s'estompe définitivement derrière Julien Clerc. Un prénom qu'il affirme avoir trouvé en épluchant un calendrier; mais qui fait immanquablement songer au héros de Stendhal, dont il a à la fois le charme, la timidité, l'ambition et l'énergie.

Dans les semaines qui suivent, il annonce à ses parents, de manière très officielle, qu'il a décidé de se lancer pour de bon dans la chanson. Stupeur de M. Leclerc, qui rêvait toujours pour lui d'une carrière universitaire pouvant éventuellement conduire à la diplomatie; mais comme toujours, devant la détermination de son fils, il sait qu'il serait inutile d'enclencher une épreuve de force. Tout au plus tente-t-il de préserver ce qui peut l'être. « Tâche au moins de ne pas perdre tes langues vivantes », conseille-t-il; si bien que, par esprit de conciliation, Paul-Alain s'inscrira en licence d'anglais à la Sorbonne, après avoir raté sa première année de droit.

La réaction de Mme Merlot est, tout d'abord, beaucoup plus négative. Son inquiétude de mère lui fait envisager des années de vache enragée, de déception et d'aigreur. Pour la rassurer et la convaincre, son fils lui cite l'exemple de Bécaud, alors au faîte du succès avec *L'important, c'est la rose.*

« Oui, mais des Gilbert Bécaud, il n'y en a qu'un!

– Eh bien justement, moi aussi il n'y en aura qu'un! »

Étrange dialogue prémonitoire, quand on sait l'importance du rôle que jouera Bécaud dans la carrière naissante de Julien.

Momo, enfin guéri, réintègre la maison de Zaz et s'inscrit à la faculté d'histoire de Nanterre, où il ne met d'ailleurs jamais les pieds, car il lui faudrait pour cela près de quatre heures de transport en commun pour faire le trajet depuis Bourg-la-Reine. Il se contente donc de se faire envoyer les polycopiés et les devoirs, et suit en quelque sorte ses cours par correspondance. Cela lui laisse pas mal de temps pour écrire. Depuis le choc ressenti à Cambo, à l'écoute des premières vraies chansons de Roda et de Julien, son style a considérablement évolué. Mieux, sa façon d'appréhender les sujets s'est modifiée. Les textes qu'il écrit, lorsqu'il réintègre l'équipe, sont les indispensables compléments intimistes des envolées baroques de Roda. Tandis que ce dernier promène le chanteur comme un héros triomphant, de Carthage à la Californie, en passant par les Flandres et l'Italie, Momo le ramène en permanence à lui-même.

Tiens
Vous m'avez appelé Julien
Vous semblez me connaître bien...

Et quand il l'emportera à son tour, vers Saint-Pétersbourg ou les mines lointaines de Zucayan, ses voyages n'auront jamais le panache transfigurant de ceux de Roda. Car, d'une manière ou d'une autre, les voyageurs de Maurice Vallet rasent toujours les murs des villes où ils s'égarent; alors que ceux de Roda-Gil les prennent de haute lutte et jettent à bas leurs fortifications orgueilleuses, comme des châteaux de sable.

Peu à peu, Julien Clerc devient une entité tricéphale, et les moindres décisions à prendre sont longuement discutées par les trois amis. La cohérence qu'ils atteignent est sans faille et, quoi qu'il arrive, sans ambiguïté. Car Roda-Gil a beau être le théoricien de l'entreprise, celui dont le verbe est le plus brillant et le plus assuré, Julien est le patron sans l'ombre d'une équivoque. Celui à qui, en dernier ressort, la parole appartient. Jamais il ne sera, comme tant d'autres dans ce métier, la chose manipulée depuis les coulisses par un pygmalion sans scrupules, si génial soit-il.

Vingt ans après, et malgré quelques douloureuses divergences de parcours, la chose est toujours aussi absolument indiscutée. Tant pour Roda : « Sans Julien, pas de chansons! Rien n'eût été possible. On aurait fait les mêmes textes et, à la limite, les mêmes mélodies avec un grain de voix différent, la chose ne passait pas... »; que pour Maurice Vallet : « Un interprète est un médium, et un auteur doit forcément passer par un médium. On ne peut pas être calife à la place du calife. »

Décembre 67. La situation est maintenant terriblement paradoxale. D'un côté : un chanteur à la fierté offensée, qui ne veut plus jamais avoir affaire aux maisons de disque, de l'autre une équipe au point jusque dans les moindres détails, qui ne demande qu'à bousculer les conventions et les certitudes de ce show-business qui lui a fait affront. Afin de ne rien laisser au hasard, Paul-Alain et ses complices ont même été jusqu'à donner une réalité visuelle à l'image qu'ils ont de Julien Clerc. C'est un ami d'Étienne, Philippe Galland [1], élève à Normal Sup et photographe amateur à ses heures, qui s'est chargé de la chose. Lumière chiche, pellicule manquant de sensibilité et poussée à l'extrême pour multiplier les ASA : le grain du cliché est énorme. Audace formelle délibérée ou technique encore mal maîtrisée ? Peu importe, le résultat tranche sur l'esthétique bien léchée de l'époque et, dans un brouillard hamiltonien, on découvre un garçon grave et beau à l'élégance un peu lasse et au regard voilé. Son nom, que personne ne connaît encore, s'écrit en grosses lettres allemandes, à la fois compliquées et précieuses comme des enluminures; quant à lui, il est fin prêt, et n'attend plus qu'un coup de pouce du destin.

Le bal annuel de l'Unesco est un de ces événements mondains auxquels sont conviées toutes sortes de personnalités, officielles ou non, et qui permettent de ne pas

1. *Note de l'auteur :* Depuis Philippe Galland est devenu metteur en scène de cinéma et a réalisé plusieurs longs métrages dont : *Le quart d'heure américain* et *Le mariage du siècle.*

complètement perdre de vue certains amis avec lesquels on n'entretient que des relations qui, pour cordiales qu'elles soient, n'en sont pas moins épisodiques. L'occasion de faire en dix phrases et quelques amabilités, autour d'une coupe de champagne, le bilan du temps écoulé depuis la dernière rencontre. Sans trop entrer dans les détails, bien sûr, mais avec une curiosité polie :

« Et les enfants ?

– Ils vont très bien, merci ; et vous-même, votre aîné ?... »

M. Leclerc présidant le comité organisateur du bal, le couple a invité, cette année-là, quelques parents plus ou moins proches, qu'ils ne voient pas régulièrement. Parmi ces derniers, un cousin germain de Mme Leclerc : maître Hubert Lafont, et son épouse, Jacqueline. La conversation finissant inévitablement par aboutir aux enfants et à leurs études, Jacqueline Lafont sursaute en apprenant que Paul-Alain, délaissant les siennes, envisage de faire carrière dans la chanson, sans trop savoir comment se faire entendre. « Qu'il aille donc voir mon frère qui est directeur artistique chez Pathé Marconi... » conseille-t-elle, tout en promettant de lui téléphoner dès le lendemain pour lui recommander ce lointain petit cousin par alliance.

Julien a beau s'être juré de ne plus jamais passer d'audition, s'il s'agit d'un cousin, ça n'est quand même pas pareil.

Rendez-vous est donc pris avec Bob Socquet qui reçoit Julien quelques jours plus tard. « En fait, il m'a fait passer une audition en règle. Il m'a reçu dans un grand bureau où il y avait un piano dans un coin. J'étais en sueur et j'avais le cœur qui battait si fort que ça devait s'entendre ; mais quand il m'a dit : " C'est pas rien ! ", j'ai compris que c'était gagné. Ce jour-là, ma vie a basculé. »

J. C. : *J'avais choisi deux chansons, que nous n'avons jamais enregistrées : une de Momo, qui est un hommage à Marlène Dietrich, l'autre d'Étienne,* Hécatombe, *dont nous étions extrêmement fiers, lui et moi. Elle était parfaitement inchantable, durait 5'34, mais c'était notre morceau de bravoure, celle qui pour nous signifiait le plus. Quand je me suis retourné, j'ai vu dans les yeux de Bob cette lueur qui est une de nos récompenses, à nous, quand on s'aperçoit que l'on a touché le cœur, les sens, tout... C'était la première fois que je voyais cela.*

Deuxième partie

LES ANNÉES J. C.

1.

Le premier disque de Julien Clerc paraît au début du mois de mai 1968. Il sera le dernier à sortir des presses, avant que celles-ci ne s'arrêtent pour cause de grève générale. Sous la pochette, qui reprend la photo granuleuse de Philippe Galland, quatre titres, *L'Amour en chantier*, *La Cavalerie*, *Jivaro Song* et *Julien*. Les trois premiers sont signés Étienne Roda-Gil, le quatrième Maurice Vallet. Quant aux musiques, elles sont toutes, bien sûr, de Julien.

Entre le moment où Bob Socquet a donné son feu vert et celui où la rondelle de vinyle arrive sur les platines des stations de radio, il ne s'est guère passé que cinq mois. Mais il a, tout d'abord, fallu faire admettre aux instances de Pathé Marconi que l'équipe avait défini un concept précis, et qu'il n'était pas question un seul instant qu'elle en changeât. En effet, si la voix de Julien séduisait tout à fait ses futurs producteurs, ceux-ci étaient beaucoup plus réservés quant au contenu des chansons. Les textes leur semblait compliqués et anticommerciaux, et ils firent pression pour qu'il s'aligne sur l'air du temps. Pas facile de tenir bon, dans de telles circonstances, quand on se dit que sa première grande chance va peut-être s'évanouir faute d'un peu de souplesse. Mais Julien est têtu comme un silex. Il sent bien que plier une fois, c'est se condamner à plier sans cesse. Peut être a-t-il lu, lui qui aime à citer le *Journal* de Jules Renard, la morale que l'auteur de *Poil de Carotte* tire de la fable inepte du chêne et du roseau : « N'empêche, je préfère être chêne. »

Et puis, Julien est un homme de fidélité. Pas question de faire cavalier seul. Étienne et Momo sont ses amis, ils font partie de l'aventure, ils en sont même les piliers et elle ne se construira pas sur d'autres fondations. D'autant que toute la stratégie du triumvirat a été pensée dans ce sens : amener un produit parfaitement fini, qui n'aurait pas besoin de retouche et serait immédiatement exploitable tel quel. A prendre ou à laisser; mais en bloc : des outrances de Roda aux pudeurs de Momo, en passant par les photos de Galland, le lettrage à l'allemande et le fameux vibrato naturel.

Finalement, devant tant d'obstination, la Voix de son maître dit « d'accord »; et Pathé accepte de risquer le coup. Encore faut-il maintenant habiller les chansons de Julien; car celui-ci a beau être un mélodiste inspiré, ses connaissances musicales sont rudimentaires, et il n'est techniquement pas capable de concevoir ses arrangements. Or, l'arrangeur est un peu le metteur en scène d'une chanson, celui qui en plante le décor et en souligne le climat. Celui aussi qui l'intègre dans une époque, un style ou une mode, ou au contraire qui la propulse hors du temps. Pour donner forme au monde étrange de Julien, Bob Socquet a l'idée de faire appel à un jeune arrangeur aux idées encore neuves : Jean-Claude Petit.

> J. C. : *Comme dans tout ce qui se fait et se défait, il a peut-être mal vécu, plus tard, la fin de notre collaboration. Mais j'ai rarement rencontré quelqu'un d'une telle culture musicale. Il peut écrire un arrangement en regardant un match de foot-*

ball. Ça m'impressionne beaucoup. Il représentait le savoir, pour moi qui me considérais plutôt comme un musicien instinctif, et je l'admire toujours beaucoup.

Tout d'abord celui-ci est surpris par la musique du chanteur, qui n'entre pas dans un cadre traditionnel. « Quand il m'a fait entendre ses premières chansons, j'ai trouvé ça un peu étrange et, au début, j'ai eu du mal à faire les arrangements, parce que je ne comprenais pas très bien l'originalité de ce qu'il composait... C'est d'ailleurs plutôt en lisant les mots de Roda-Gil que me sont venues des images précises et donc les climats qui ont changé des autres disques que l'on entendait à cette époque... »

Étant de ces musiciens pour qui la chanson ne se réduit pas à une simple affaire de mélodies à enjoliver, ou de résolution harmonique plus ou moins compliquée, Jean-Claude Petit s'attache, en effet, au sens profond des textes et à l'atmosphère qui s'en dégage. Il décortique donc leurs ambiances pour mieux les recréer dans ses orchestrations et cette volonté systématique de compréhension par l'intérieur lui permet de ne jamais se laisser prendre au piège sournois de la paraphrase. Si bien que, devant le concept nouveau qui lui est présenté, il choisit de tourner résolument le dos aux arrangements pseudo-américains qui, déjà, laminent la quasi-totalité de la musique de variétés et, puisque le métissage est l'une des composantes forces de Julien, opte pour un univers à cheval entre plusieurs cultures dans lequel, sur une rythmique rigoureuse, le chanteur pourra donner libre cours aux envolées somptueuses de son chant haut perché. Dès ce premier disque apparaît également ce qui restera toujours la signature discrète de Jean-Claude Petit : la présence d'instruments insolites au milieu de sonorités qui nous sont plus familières. Ainsi, chaque refrain de *La Cava-*

lerie est-il souligné par un petit métallophone dont le timbre fragile et suraigu tranche sur les nappes d'accords des cuivres et aère considérablement une orchestration bouillonnante de fureur.

Enregistré au mois d'avril, le disque arrive en avant-première sur les bureaux des programmateurs radio dans les tout premiers jours de mai. A Europe n°1, Marie-France Brière, qui est réalisatrice, le reçoit sous forme d'épreuve, dans un lot de cinq nouveautés parmi lesquelles figure notamment *Animal on est mal*, le premier 45 tours de Gérard Manset.

> J. C. : *C'est Manset qui m'a appris à jouer au poker. Je suis toujours très heureux de le revoir, même si ça n'arrive que dix minutes tous les trois ans, à l'occasion de mes spectacles.*

Séduite par ces deux personnalités aussi originales l'une que l'autre, elle fait aussitôt écouter leurs disques à son mari, Bertrand de Labbey. Celui-ci est alors à la tête des Éditions du Rideau Rouge, qu'il a fondées avec Gilbert Bécaud pour exploiter les œuvres de ce dernier. Ils se souvient encore comment, la première écoute de *La Cavalerie* à peine achevée, il empoigne son téléphone et demande Bob Socquet.

> J. C. : *Marie-France était réalisatrice de l'émission « Dans le vent », diffusée l'après-midi. Elle a prévenu Bertrand qu'elle programmait un jeune chanteur. A l'époque je traînais beaucoup dans les couloirs de Pathé, inquiet de la sortie du disque. La chanson est passée à 17 heures, et à 17 h 15 Bertrand était chez Pathé. Ça m'a touché, il a débarqué tout de suite pour me voir.*

Bécaud enregistrant chez Pathé, de Labbey pèse un poids certain dans la maison et Socquet lui arrange un rendez-vous avec Julien dans les délais les plus brefs.

La rencontre entre deux individus aussi charismatiques, chacun à sa manière, ne pouvait se traduire que par une immédiate séduction réciproque. Bien entendu, le trio auteur-compositeur/interprète se présente au complet et Bertrand de Labbey est très sensible au fait de trouver en face de lui une équipe constituée et solide. Cela n'est, certes, pas nouveau pour lui, puisque Bécaud travaille ainsi avec Vidalin, Amade et Delanoë; mais cette bande est différente. « C'était une équipe mythique; ils paraissaient ne rien devoir à personne et être complètement nouveaux, comme s'ils venaient d'ailleurs... » Détail significatif, dans un milieu où la familiarité la plus superficielle tient souvent lieu d'amitié et dispense d'avoir à trop approfondir les relations humaines, Bertrand de Labbey établit d'instinct le vouvoiement entre Julien, ses deux acolytes et lui : « J'aurais pu facilement les tutoyer et les appeler " coco ", mais c'était pour moi une déférence à leur talent. Et puis, dès notre première rencontre, j'ai senti que Julien était une star; je l'ai donc installé à la place qu'il allait forcément occuper un jour ou l'autre. Or, une star, ça se vouvoie », explique-t-il en ajoutant que c'est avant tout symbolique.

En fait, le courant de sympathie, entre les deux hommes, est tel qu'ils signent sur-le-champ un contrat d'édition qui lie le chanteur au Rideau Rouge pour les titres encore libres du disque à sortir. Car deux d'entre eux sont déjà bloqués : *Julien*, cédé à R.M.C. dans le cadre des coéditions souvent pratiquées par les radios périphériques, et *La Cavalerie*. Voulant absolument ce dernier titre, de Labbey fera des pieds et des mains jusqu'à ce qu'il en obtienne au moins la coédition avec Eco Music. Plus qu'un éditeur, Julien vient de rencontrer un véritable directeur de carrière. Un conseiller précieux et avisé, doublé d'un ami d'une fidélité à toute épreuve, dont il dit souvent, en forme de boutade, qu'il est son « premier ministre ».

Le parcours personnel de Bertrand de Labbey, avant sa rencontre avec Julien Clerc, est suffisamment révélateur pour qu'on s'y arrête un instant. Né en octobre 1938, c'est une des innombrables Balance qui, de Maurice Vallet à Jean-Loup Dabadie, en passant par Paul-Alain lui-même, balisent le parcours du chanteur. Après avoir passé son bac à Paris, il se retrouve à Reims où il suit les cours de l'École Nationale Supérieure de Commerce et une formation d'expert-comptable, avant de préparer le professorat aux Sciences et Techniques d'Économie. Ses deux passions principales étant le cinéma et la chanson, il profite du passage à Reims de Gilbert Bécaud pour aller lui parler à l'issue du spectacle. La scène se passe dans un café, juste en face de la salle où le concert vient d'avoir lieu. Bécaud est assis à une table en compagnie de son frère Jean Silly [1] et de Raymond Bernard. Emporté par son enthousiasme, le jeune homme parle debout. Pendant presque une heure, il expose certaines de ses idées au chanteur qui l'écoute attentivement et finit par lui demander sa carte.

Un an plus tard, en 1960, quand Bécaud l'appelle pour fonder les Éditions du Rideau Rouge et lui en confier la direction, la seule condition que pose de Labbey est de pouvoir travailler en parallèle sur d'autres carrières que celle de son patron.

La Cavalerie est donc programmée pour la première fois sur les ondes le 8 mai 1968, dans la matinée; et les réactions des animateurs sont relativement mitigées. A Europe n°1, on trouve que ça ressemble au groupe King

---

1. *Note de l'auteur* : Le véritable nom de Gilbert Bécaud est François Silly.

Set [1], dont le chanteur est un certain Michel, qui mettra encore quelques années avant de se produire sous son vrai nom : Jonasz; tandis que Pierre Wiehn, sur France Inter, y voit plus des réminiscences de Gilles Dreu, ce qui est déjà plus compréhensible. Ce dernier avait en effet une chanson, *Alouette, alouette*, qui venait de fort bien marcher et restait dans toutes les mémoires; mais s'il est vrai que sa manière de chanter, complètement extravertie, s'apparentait un peu à celle du nouveau venu, son registre vocal était plus grave et sa voix légèrement voilée n'avait pas cette sauvagerie lumineuse, à peine contenue, qui maintient sans cesse celle de Julien au bord de la rupture.

Deux jours après les premiers passages de *La Cavalerie*, la France plonge dans le black-out. C'est la grève générale et les affrontements entre manifestants et forces de l'ordre redoublent de violence. Quatre cents blessés et cent quatre-vingt-huit voitures incendiées ou endommagées pour la seule « Nuit des barricades », celle du 10 au 11, dont l'épicentre se situe rue Gay-Lussac. Certains parlent de révolution, d'autres d'émeutes, voire de simples événements ou de chienlit; quant au *Quid*, il classe 68 au chapitre des guerres civiles. Quoi qu'il en soit, tous les programmes radiophoniques sont interrompus, car une majorité de journalistes et de techniciens sont en grève eux aussi, et les stations diffusent de la musique non-stop, entrecoupée seulement par des flashes d'information qui, d'heure en heure, rendent compte de l'évolution de la situation et du développement de la révolte qui atteint

1. *Note de l'auteur* : Fondé par Michel Jonasz et le compositeur Alain Goldstein, le King Set enregistra en 1967 un premier 45 tours à deux titres : *Apesanteur* et *On a perdu un président*, qui à l'époque passa un peu en radio. Peu après, Jonasz sort deux autres simples chez AZ, sous le nom de Michel King Set, avant de reprendre définitivement son patronyme pour le disque suivant.

bientôt l'ensemble du pays. Ces bandes musicales débitent, sans aucun commentaire, les choses les plus diverses, et c'est ainsi que *La Cavalerie* passe et repasse, sans que le nom de l'interprète soit jamais mentionné. Le malentendu s'installe donc et nombreux sont ceux qui croient y reconnaître la voix de Gilles Dreu.

Julien, pendant ce temps, est à Bourg-la-Reine. Enfermé chez Zaz, il écoute la radio à longueur de journées, plus préoccupé par la fréquence de diffusion de sa chanson que par l'embrasement du Quartier Latin. A peine va-t-il une fois ou deux voir ce qui se passe à la Sorbonne, où les fulgurantes prises de bec qui incendient les amphis le rendent sceptique. En fait, ce qui se passe dans les rues ne le concerne pas; car pour l'heure, au seuil de s'engager plus avant dans un métier qu'il sait être profondément individualiste, la musique seule l'intéresse. Et puis, depuis plus d'un an que Roda-Gil, qui navigue comme un poisson dans l'eau parmi les groupuscules gauchistes, lui raconte ce qui va inévitablement finir par arriver, l'effet de surprise ne joue pas. Seule l'atteint cette violence généralisée qui lui répugne.

Les trois amis vivront mai 68 de manières très différentes, et ce sera l'occasion d'« engueulades somptueuses », pour reprendre le mot de Maurice Vallet. Tandis que Julien s'isole et que Roda, ne tenant pas en place, fait la navette de barricades en meetings entre l'Odéon et la Sorbonne, Momo, toujours à l'U.J.P., commence à douter de certaines de ses certitudes. Il finira d'ailleurs par quitter les jeunesses gaullistes quelques mois plus tard; mais pour l'instant, c'est encore avec enthousiasme qu'il participe à la grande manifestation de soutien au Général, qui remonte les Champs-Élysées, le 30 mai, derrière Malraux et Michel Debré ceints de leurs écharpes tricolores. Julien sera également du cortège, mais avec beaucoup plus de réserve, et à la demande instante de son père; tandis que par réaction Gérard Leclerc plantera le drapeau rouge dans sa chambre à la maison familiale.

Ironie du sort, alors que Julien Clerc se désintéresse de ce qui se passe dans les rues de 68, un vers de *La Cavalerie* :

« J'abolirai l'ennui », fait bientôt office de slogan et se retrouve peint à la hâte sur les murs, entre des formules-chocs telles que : « Il ne faut pas prendre ses rêves pour des réalités, mais croire à la réalité de ses rêves », « L'imagination au pouvoir! », « Il est interdit d'interdire » et autres « Jouissez sans entraves ». Quelques semaines avant l'explosion estudiantine, le 15 mars pour être précis. *Le Monde* analysait : « la France s'ennuie » [1]; et si les mots de Roda-Gil semblent étrangement prophétiques dans un contexte que personne n'aurait pu prévoir avec exactitude, ils ne sont en fait que le reflet de la sensibilité d'un intellectuel lucide, en perpétuelle analyse de la société qui l'entoure. Pas de miracle à ça, donc, mais un paradoxe de taille dans le fait que ce qui reste l'une des idées fortes de l'époque a été véhiculé par un jeune bourgeois relativement conservateur, plutôt que par un contestataire notoire.

> J. C. : *Je ne me considérais pas comme un jeune bourgeois, pas dans l'âme.*

La même équivoque se retrouvera quelques mois plus tard, lorsque Julien participera à la comédie musicale *Hair*. Aux yeux de beaucoup il en gardera l'image d'un hippie, ce qu'il ne sera jamais et ce qui, d'ailleurs, n'abusera pas un instant les véritables hippies. Mais pour le grand public, il fera longtemps figure de symbole; et ce de manière beaucoup plus crédible qu'un Johnny Hallyday, par exemple, qui chantera pourtant les petites

1. *Note de l'Auteur :* Article signé Pierre Viansson-Ponté.

fleurs de San Francisco et adoptera la panoplie adéquate.

S'il faut trouver une explication à cette inéquation qui fait que Julien personnalisera souvent, a posteriori, des courants d'idées auxquels il n'adhère pas forcément, disons qu'il est un formidable vulgarisateur en osmose permanente avec son époque. Or, il n'y a pas de génération spontanée en matière d'idées; et celles-ci restent en suspension dans l'air du temps bien avant d'éclater au grand jour. Ainsi se retrouvent-elles en filigrane dans certaines chansons, certains livres, certains films, et dans toutes sortes d'œuvres qui ont l'air de parler d'autre chose. Plus tard, quand le présent s'organise en pensées cohérentes, voire en doctrines, certains se les approprient et ne reconnaissent plus les francs-tireurs qui ne sont pas assez puristes à leurs yeux; mais ceux-ci n'en demeurent pas moins des colporteurs de germes, et le fait que cela puisse être à leur insu ne change rien à cette réalité.

2.

Durant les quelques semaines où son disque sera diffusé au milieu de boucles musicales, sans que l'on indique son nom, Julien vivra la situation avec une relative sérénité. Tout à fait conscient de l'originalité de son propos, il sait bien que la confusion qui est en train de s'établir entre Gilles Dreu et lui n'est qu'un leurre, et que le malentendu ne peut s'éterniser. Et en effet, dès que les programmes reprennent leur cours normal, les choses se décantent. D'autant plus qu'il commence à apparaître dans quelques émissions de télévision où son physique de jeune premier romantique le sert beaucoup.

Dès juillet, il retourne en studio pour enregistrer son deuxième disque. Trois titres seulement, cette fois-ci, dont le plus marquant est *Ivanovitch*, dû à Maurice Vallet.

> J. C. : *La chanson sur laquelle nous comptions, c'était* Sur tes pas, *qui occupe toute une face. Mais les programmateurs ont choisi* Ivanovitch, *et Étienne est entré dans une colère folle. Par la suite, je crois que, des chansons écrites par Momo,* Ivanovitch *est devenue sa préférée.*

Bien que ce dernier confesse volontiers avoir subi l'influence de Roda-Gil, dans sa manière d'écrire, *Ivano-*

vitch ne doit pas grand-chose à son compère. Par contre, on y retrouve de bout en bout l'ombre immense de Blaise Cendrars, et ce retour à Saint-Pétersbourg d'un fils que l'on devine prodigue et qui arrive de Paris reprend presque mot pour mot les premiers feuillets d'un petit ouvrage fort peu connu de l'homme à la main coupée : Moganni Nameh.

Il était arrivé
Le fiacre l'emportait
Toujours la même ville
Toujours les mêmes gares
Des églises barbares
Saint-Pétersbourg, ma ville

dit la chanson, alors que Cendrars écrivait : « Il venait d'arriver. Déjà le fiacre l'emportait vers la Ligowka lointaine. C'était bien Saint-Pétersbourg et son climat malsain. (...) Toujours bien la même ville... »

Loin d'être agaçant, ce démarquage permet à l'auditeur du disque de pénétrer dans l'univers d'un des plus grands poètes de ce siècle, qu'il n'aurait peut-être jamais pris le temps de lire. C'est une autre forme de vulgarisation, qui n'est pas sans rappeler la démarche de Woody Guthrie réduisant les centaines de pages des *Raisins de la colère* à une chanson de quelques minutes, pour que le message de Steinbeck circule plus facilement.

Sorti en octobre 68, *Ivanovitch* est une grande réussite et les quelques réserves qui pouvaient encore subsister dans l'esprit de certains, après *La Cavalerie*, tombent d'elles-mêmes. Gilbert Bécaud, à qui Bertrand de Labbey a fait écouter le 45 tours, est emballé, à tel point que l'éditeur décide d'organiser une rencontre entre les deux chanteurs. De Labbey amène donc Julien avec lui, un jour qu'il se rend aux studios Pathé Marconi, à Boulogne-Billancourt, où « Monsieur 100 000 volts » enregistre *On prend toujours un train pour quelque part*. Se retournant machinalement vers la cabine son, alors que Julien y pénètre, Bécaud aperçoit son reflet furtif dans la vitre de séparation et, à la tignasse sombre et bouclée, croît reconnaître son fils Gaya. De cette méprise naît une sympathie immédiate, qui se traduit dans les jours qui suivent par une proposition concrète. Gilbert Bécaud offre au jeune chanteur de passer en lever de rideau lors de son prochain récital à l'Olympia ; mais il lui conseille de faire un peu de scène auparavant, histoire de se frotter au public et de roder ses chansons.

> J. C. : *Bécaud m'a dit, après avoir écouté deux fois mon disque souple : « J'y comprends rien, mais c'est bien, je te prends avec moi. »*

Il faut donc trouver rapidement un imprésario, et le choix de Bertrand de Labbey se porte sur Charley Marouani. Celui-ci a justement une tournée qui est sur le point de partir, mais il est trop tard pour rajouter le nom de Julien sur les affiches. Qu'importe ! Puisqu'il ne s'agit après tout que de se familiariser avec les planches et tester les réactions des spectateurs. Il part donc, pour un cachet dérisoire, sur lequel il est obligé de payer le musicien unique qui l'accompagne, et s'intègre tant bien que mal à un plateau assez hétéroclite composé de Paul Louka, des Parisiennes, d'une chanteuse polonaise nommée Christina, et de Salvatore Adamo en vedette. N'ayant droit qu'à trois chansons, il fait *Ivanovitch*, *Jivaro Song* et *La Cavalerie*, et récolte un assez bon succès.

Dès que la tournée s'achève, il rejoint Bécaud à Bruxelles, où celui-ci essuie les plâtres de son nouveau spectacle, à l'Ancienne Belgique.

J. C. : *Bruxelles, c'était très drôle. J'avais* un *musicien (un clavier), et l'orchestre des Anciens de Belgique, un big band à moyenne d'âge assez élevée, était censé m'accompagner. Le bassiste, qui était aussi le concierge de l'association, jouait sur une contrebasse électrifiée avec les moyens du bord, et il jouait bien, le pépé! J'ai voulu le prendre, avec le guitariste, mon clavier et le batteur. Mais ce batteur a été incapable de suivre, et Gilles Dreu, qui est un type en or, m'a dépanné en me proposant son jeune batteur, Jean-François Auger. Le guitariste a déclaré forfait et nous avons terminé en trio.*

Cette fois, Julien peut faire une chanson de plus; ce sera *Yann et les Dauphins*, dont le disque sortira juste au moment de faire l'Olympia. Sur le même 45 tours, on trouve également une très jolie chanson à l'atmosphère un peu étrange : *La petite sorcière malade*, ainsi que *Le Delta*, et une très attachante aquarelle de Maurice Vallet, *Les Vendredis*. Le rythme semble désormais acquis : Roda signe trois textes sur quatre. C'est lui qui bâtit à grands traits le personnage de Julien Clerc que Momo se contente de préciser, creusant une ombre ici, accentuant un relief ailleurs, un peu comme on passe une estompe sur un portrait au fusain. Autant *Yann et les Dauphins*, qui nous entraîne dans les vieilles légendes marines d'un port flamand, que *La petite sorcière malade* que nous suivons dans de troubles marécages peuplés de « petites bêtes mortes/Qui ressemblent à mon amour », sont des chansons dépaysantes, qui prêtent au rêve et à l'évasion; autant *Les Vendredis* nous ramènent au salon des Leclerc à Bourg-la-Reine, au piano qui y trône et à une certaine immobilité feutrée. Monde clos et sécurisant, certes, alors que Yann le pirate coule un soir avec son équipage, sous les coups de « vingt vaisseaux de dix empires », « parmi les voiles noires »; mais monde étouffant où chacun fait semblant de se croire heureux. Ainsi Julien n'en est encore qu'à son troisième super-45 tours que déjà s'esquisse une tendance qui ira en se confirmant dans les premiers albums qui suivront : Étienne le magnifie et lui invente des décors flamboyants, au milieu d'images en vrac qu'il appartient à l'auditeur de trier; tandis que Maurice Vallet l'intériorise et, en tant qu'ami intime, presque de confident, nous ramène l'homme à sa juste mesure et à sa fragilité fondamentale. Du coup le personnage en acquiert une très grande richesse et, partant, une crédibilité exceptionnelle.

Alors qu'il est encore à l'Ancienne Belgique, avec le spectacle de Bécaud, Julien Clerc voit un soir débarquer dans sa loge un couple assez étonnant qui lui propose, de but en blanc, de faire de lui le « prince de Paris ». Convaincu qu'il a affaire à de doux dingues, il écoute néanmoins leur proposition jusqu'au bout, avant de la refuser catégoriquement. Bertrand Castelli et Annie Fargue viennent en effet de lui proposer le rôle principal dans l'adaptation française de *Hair* qu'ils sont en train de monter à Paris. Tout d'abord, Julien comprend mal l'emballement de Castelli, qui affirme haut et fort que son spectacle va tout révolutionner. Mis à part le fait qu'il n'a rien d'un révolutionnaire dans l'âme, cela lui semble d'autant plus dérisoire qu'il ne voit pas très bien ce qu'il pourrait faire de mieux que de passer en vedette anglaise de Bécaud, à l'Olympia, après seulement six mois de métier. Surtout que, dans la logique professionnelle de l'époque, la voie est toute tracée : vedette anglaise, vedette américaine et, pour finir, avec bien sûr un peu de chance, le vedettariat à part entière et le haut de l'affiche pour lui seul. Pour cela, il est plus que tout nécessaire qu'il tourne, fasse des galas, se montre à la télévision et produise des disques qui se vendent bien. Alors que l'intégration à une troupe risque fort, au contraire, de le replonger dans l'anonymat et de lui faire perdre une partie du chemin déjà parcouru. Étienne, Momo et Bertrand de Labbey sont d'accord; la réponse est donc non.

Les événements leur donnent d'ailleurs raison dans les semaines qui suivent puisque ce premier Olympia (février-mars 69) se passe on ne peut mieux pour Julien.

> J. C. : *Je voulais chanter plus de chansons, mais Bruno Coquatrix me limitait à quatre, et je faisais la mauvaise tête. Il m'est alors revenu aux oreilles que Gilbert avait dit « Je serais lui, je n'en ferais que quatre ». Et je n'en ai chanté que quatre. Deux personnes sont venues me voir à l'entracte, Gainsbourg, qui m'a dit « Vous êtes la première chose intéressante que je vois depuis plusieurs années », et Salvador, que j'adorais. Il s'est approché et m'a chuchoté dans l'oreille : « C'est trop fort. » Puis il est parti de son rire légendaire, ce grand rire antillais. Ça m'a fait rire... et en même temps vexé !*

A tel point que Mélanie, qui se produit en américaine, a énormément de mal à lui succéder. Elle n'a pas encore sorti *What have they done to my song, Ma?*, qui deviendra un gros succès quelques mois plus tard, et pour l'instant elle se fait conspuer soir après soir et doit même écourter son tour de chant. Pour sa première grande salle, Julien Clerc a donc prouvé qu'il savait se tenir en scène et qu'il avait su profiter des conseils que Gilbert Bécaud n'avait pas manqué de lui prodiguer, lors de son passage à Bruxelles : « N'essaie pas d'être Johnny Hallyday ou Claude François; ils l'ont déjà fait avant toi, et le font mieux... Toi, tu as tout dans la gueule et dans les mains... Alors bouge le moins possible et oblige les gens à regarder ta gueule et tes mains. Comme ça tu seras Julien Clerc. » Étonnante recommandation de la part de quelqu'un qui sous les projecteurs se transforme en une boule d'énergie gesticulante. Surtout qu'il apparaîtra très vite que Julien est lui aussi ce qu'on appelle une bête de scène et que, s'y mouvant avec aisance, il la remplit toute.

Bertrand Castelli en est tellement persuadé qu'il revient à la charge et tente une nouvelle fois de convaincre le jeune homme et son équipe. Julien est têtu, mais Castelli est obstiné. Il s'est mis dans la tête que le chanteur jouerait le rôle de Claude dans sa pièce, et il n'est pas homme à renoncer à une aussi bonne idée. Il entreprend donc de faire le siège de sa loge à l'Olympia et revient presque tous les jours à la charge.

Pas aussi révolutionnaire que son producteur veut bien l'affirmer, *Hair* est en fait un spectacle ambigu. Ce que dans les années 70 on taxerait de récupération, mot qui a peut-être beaucoup servi à tort et à travers, mais n'en recouvre pas moins une certaine réalité.

Quand la pièce est créée à New York, le mouvement hippie californien est déjà sur le déclin. Loin d'être, comme on l'a tant affirmé, l'expression spontanée de la crise de conscience de la jeunesse américaine et de sa révolte, *Hair* n'est en fait qu'un « après-coup » suffisamment vide d'authentique rébellion pour être accepté sans trop de problèmes par le public des théâtres de la côte Est. Vague imitation désincarnée et proprette des grands happenings et autres love-in qui mettaient Haight-Ashbury [1] en effervescence un ou deux ans plus tôt, *Hair* est au phénomène hippie ce que le monome du bac peut être à

1. *Note de l'auteur* : Haight-Ashbury est le quartier de San Francisco qui fut longtemps le cœur battant du mouvement hippie. Lire à ce sujet *Ringolevio*, par Emmett Grogan, aux éditions Flammarion.

mai 68. Mais c'est un spectacle bien ficelé, avec beaucoup de mouvement et de couleurs, et une assez bonne partition musicale. Le succès est donc immédiat et Castelli, qui voit la pièce à New York, en achète immédiatement les droits pour le reste du monde, en association avec Annie Fargue qui, à l'époque, travaillait aux États-Unis pour une chaîne de télévision locale. Ensemble ils monteront la pièce à Londres, puis à Paris, Berlin, en Scandinavie, etc.

Pour convaincre son futur interprète, Castelli lui propose, au lendemain de l'Olympia, d'aller voir le spectacle à Londres. « Quand vous l'aurez vu, vous direz oui! » assure-t-il, confiant; et, grand seigneur, il offre des billets d'avion à toute l'équipe et réserve les chambres d'hôtel. Au retour, la détermination de la bande s'est effritée, Julien, emballé par le show, est prêt à se laisser convaincre, Roda campe avec obstination sur ses positions irréductibles, tandis que Momo et Bertrand de Labbey partagent le même sentiment : « Si Julien le sent, après tout, qu'il le fasse. » Celui-ci pourtant maintient son refus pendant quelques jours encore, par principe, jusqu'à ce que le producteur le convie à une répétition de toute la troupe; sa « tribu », comme il dit pour faire plus vrai.

Soixante personnes sur scène, une musique qui déboule bien et un son énorme : le chanteur achève de se laisser séduire et, finalement, donne son accord. Il sera Claude; mais aux conditions posées par de Labbey qui n'oublie pas qu'au-delà de l'euphorie de la pièce, il y a une carrière à long terme à gérer.

Aujourd'hui encore, lorsqu'il en parle, Julien Clerc affirme ne pas comprendre comment Castelli a pu accepter de telles exigences. Tout d'abord, mais ce n'est pas là le plus étonnant, il ne s'engage que pour neuf mois, quel que soit le succès du spectacle. Au-delà de ce laps de temps, il reprend son entière liberté et il faudra lui trouver un remplaçant [1]. Secundo, il sera libre deux soirées par semaine, afin de pouvoir assurer ses galas personnels et, dernière clause, mais non la moindre, pour que ses musiciens ne se retrouvent pas sans travail durant toute cette période, ils seront intégrés à l'orchestre de la Tribu dirigé par Dany Hurd.

Tout cela étant entendu, les répétitions peuvent commencer. Mais Julien s'intègre assez mal à l'ambiance générale de la Tribu qui le considère avec une certaine méfiance. Les répétitions étant, en fait, déjà bien avancées, il fait un peu figure d'intrus, au milieu d'une troupe qui se prend au jeu de la communauté militante ayant un message vital à délivrer au monde. Sa méfiance instinctive à l'égard des groupes reprend le dessus. De plus, son rôle de personnage principal, ajouté au fait qu'il a déjà enregistré plusieurs disques, lui confèrent une espèce de statut de vedette fort mal accepté par les autres à qui l'on a tellement rabâché qu'ils étaient une tribu fraternelle, qu'ils ont fini par le croire, alors que les jalousies internes vont bon train et que chacun essaie plus ou moins de tirer la couverture à lui. Chose excessivement facile dans un spectacle qui accorde une telle place à l'improvisation. Mais Bertrand Castelli possède un magnétisme étonnant, et il sait parfaitement comment reprendre sa troupe en main, quand la qualité du spectacle commence à pâtir du manque de rigueur. Il parle, explique, convainc et galvanise, quitte à employer les méthodes les plus démagogiques : « Aujourd'hui il y a encore eu tant de morts au Viêt-nam. Ce soir, vous jouez pour le Viêt-nam! » Et la tribu ressoudée retrouve un enthousiasme intact qui, pour une dizaine de jours, apporte un bol d'air frais à la pièce. Pendant ce temps, le producteur est déjà reparti à Berlin ou à Londres, tenir le même discours à ses autres

1. *Note de l'auteur :* En l'occurrence, ce sera Gérard Lenorman.

« tribus ». A vrai dire, le livret original adapté en français par Jacques Lanzmann n'est pas très passionnant. Seules les chansons, sur une musique de Galt McDermot, assurent la qualité du show; pour le reste, c'est du théâtre de mirliton.

> J. C. : *La version française, je trouve, est excellente, mais tout ce qui concerne la drogue a été édulcoré; la version américaine comportait notamment un hymne à Timothy Leary que Lanzmann a gommé... A l'époque ce spectacle était révolutionnaire, c'était le premier opéra rock. Qu'en reste-t-il, après tant d'années? La musique, quand même, exceptionnelle, avec au moins six tubes. Et le McDermot en question, un musicien écossais ou irlandais, je le garantis, n'avait rien d'un hippie...*

Mais la pièce a une aura de scandale qui lui assure une gigantesque publicité de bouche à oreille, et ce sera un triomphe. Trente secondes de nudité intégrale des acteurs! Quelque chose dont on ne peut absolument plus mesurer l'impact, aujourd'hui que cette nudité a droit de cité, tant sur les plages que dans les films publicitaires télévisés que tout le monde regarde en famille. Mais qu'on se rappelle seulement l'époque, pas si lointaine alors, où les speakerines de télévision se faisaient renvoyer pour avoir un peu trop montré leurs genoux, et l'on mesurera à quel point cette scène pouvait sembler impensable.

> J. C. : *Pendant les répétitions, des mateurs arrivaient à entrer dans les balcons, ils se cachaient, et en étaient pour leurs frais. Moi, j'avais refusé de participer à la fameuse scène de nu. Ça tombait bien : je chantais à ce moment-là, debout sur la grande table sous laquelle se déshabillait la troupe.*

Le plus nu que j'aie été dans Hair, *c'est quand on me roule dans le savon et les plumes, je porte une sorte de pagne.* Hair *a été une expérience passionnante. A travailler avec des Américains, j'ai tiré une leçon de rigueur qui est restée. Même ce qui semblait improvisé était travaillé. Juste avant* Let the sun shine in, *je devais me changer en vingt secondes.*

Bien sûr, on a comme toujours beaucoup exagéré la chose et voilà comment Maurice Vallet décrit l'action telle qu'il la vit, certainement plus souvent que n'importe quel spectateur : « A la fin de la première partie, on fait le noir sur le tableau, pour la dernière chanson que Julien, qui joue le rôle de Claude, chante sur le devant de la scène. Derrière lui, la troupe se couvre d'une espèce de drapeau sous lequel tout le monde se déshabille. Sur le dernier accord de la chanson, toute la tribu ressort à poil; mais dans la pénombre avancée, on n'aperçoit guère autre chose que des silhouettes dont la nudité n'est pas certaine, pour peu qu'on ne soit pas dans les tout premiers rangs. Cela devait durer cinq secondes au maximum et, de toute façon, Julien chantait devant, éclairé par sa poursuite. »

Le gag sera que, voulant détruire une nouvelle fois Sodome et Gomorrhe, l'Armée du Salut envahira le théâtre et viendra manifester sa réprobation à grand bruit, bousculant même les spectateurs des premiers rangs, et mettant tous les rieurs du côté de Castelli et de sa tribu. On a les batailles d'*Hernani* que l'on peut...

3.

Avant que *Hair* ne démarre, au théâtre de la Porte Saint-Martin, vers la fin du mois de mai 1969, c'est-à-dire, à quelques jours près, un an tout juste après les débuts professionnels de Julien, ses trois premiers super-45 tours sont regroupés en un 30 cm qui recevra bientôt le prix de l'académie Charles Cros. Cette distinction le touche, bien qu'il ne soit absolument pas avide d'honneurs, de parchemins et de médailles; car elle est la preuve qu'il a réussi à faire entendre sa voix et que son langage original a su rencontrer des échos favorables au sein même des instances du métier.

Puis Julien entre en studio pour un nouveau disque, qu'il enregistre en avril, tant que la comédie lui en laisse le temps, et qui sortira juste avant l'été. Avec deux titres seulement, tous deux signés Roda-Gil : *Si tu me reviens* et *La Californie*. Étienne ne résiste pas au plaisir de lancer, au passage, un petit coup de patte à cette mode hippie de pacotille qui est en train d'envahir la France, depuis que le battage médiatique autour de *Hair* fait vendre des colliers, des bagues et des foulards, et foisonner les systèmes pileux :

la Californie
Est si près d'ici
Qu'en fermant les yeux
Tu pourrais la voir
Du fond de ton lit.

Rien ne sert donc d'adopter des panoplies clinquantes; le rêve est à portée de main et de cœur, pour peu qu'on sache l'entrevoir et le saisir. Et abolir l'ennui.

Depuis quelques mois, *Salut les Copains*, le mensuel de Daniel Filipacchi, s'intéresse de près à Julien et commence à entretenir autour de lui le battage régulier qui maintient en permanence une vedette à la surface de l'actualité, même pendant les périodes sabbatiques où elle ne produit rien. Bien sûr, il n'est pas encore vedette à part entière, mais *S.L.C.* croit en lui et s'apprête à jouer le jeu du soutien à long terme, à coups d'articles de fond, de reportages photos et d'interviews, qui se succéderont à un rythme très serré. Ainsi n'y aura-t-il pas moins de huit numéros consacrant d'importants papiers à Julien, pour la seule année 71; ce qui est énorme pour un mensuel dont il fera, qui plus est, deux fois la une à deux mois d'intervalle.

Le tir de barrage commence en janvier 69, un mois avant l'Olympia, par un portrait qui essaie d'approfondir un peu le personnage de ce jeune chanteur que le public connaît encore mal. Sous le titre *Mélancolique, Julien*? s'accumulent un certain nombre d'informations destinées, à l'évidence, à nous rendre sympathique ce beau jeune homme ténébreux, tel que nous l'ont montré les photos de Philippe Galland. Suit, en annexe, une étonnante interview-flash, qui est supposée faire, en quinze lignes, le tour des goûts de l'apprenti vedette. Pas le temps, donc, de nuancer : « J'adore les westerns et je déteste Godard, j'adore Flaubert et je déteste Françoise Sagan, j'adore Wagner et Chopin et je déteste Olivier Messiaen... »

Rien que ça! Au-delà de l'aspect caricatural de ce genre d'assertions à l'emporte-pièce, Julien fait quand même passer un certain ton qui le démarque des autres « chouchous » de *S.L.C.* Imagine-t-on, en effet, Sheila, Sylvie Vartan, Hervé Villard ou Stone et Charden évoquer Messiaen dans leurs interviews?

> J. C. : *Comment ai-je pu dire cela? J'adore Françoise Sagan, et comment peut-on détester Olivier Messiaen? Est-ce par nature? Souvent au jeu des questions « vous adorez, vous détestez », j'ai du mal à répondre, c'est trop tranché.*

Le papier suivant, rédigé dans un esprit fort similaire, s'appellera *Les 101 secrets de Julien* et tombera, bien entendu, en avril, c'est-à-dire le mois précédant la première de *Hair*. On y apprend, cette fois, que le chanteur vient de s'acheter une grosse Mercedes 280 S (il a, selon ses propres propos, gardé sa vieille Simca 1000 rouge « jusqu'à ce que le moteur tombe par terre »),

> J. C. : *Je suis passé directement de la Simca 1000 à la Mercedes, mais je me suis d'abord acheté une sono!*

qu'il passe une partie de ses nuits à jouer au poker, qu'il aimerait être le premier homme à marcher sur la lune et, accessoirement, qu'il considère Valéry Giscard d'Estaing comme un « super-économiste ».

> J. C. : *En disant cela, je ne me mouillais pas!*

En septembre, *S.L.C.* ajoute encore quelques éléments au puzzle qui, reconstitué, finira bien par faire un portrait plus ou moins ressemblant. Car cette fois, le ton est un peu plus sérieux. Après avoir déclaré éprouver une grande admiration pour Spartacus et affirmé que sa première vocation était politique, Julien parle de Maupassant, de Baudelaire et des Impressionnistes, et ajoute que son souhait le plus cher serait d'avoir une maison à lui.

J. C. : *Ce sont des amours que j'ai gardées.*

On le voit, il y a un style *Salut les Copains*, qui mêle étroitement les renseignements tangibles aux informations les plus fantaisistes. Ni Julien, ni Roda, ni Maurice ne sont dupes, mais ils jouent le jeu. Le plus étonnant étant que, pour cohérente et affirmée qu'elle ait pu être, l'image qu'ils avaient définie ensemble s'est tout bonnement trompée d'objectif. Leur analyse était pourtant parfaite, sur le papier, et leur stratégie, formulée par Étienne, en théoricien de la bande, semblait imparable : « Julien, nous l'avons prémédité. Nous avons visé une cible. Nous pensions qu'il était fait pour plaire aux jeunes cadres de trente à trente-cinq ans, aux lecteurs de *L'Express* et de *L'Observateur*. Des types intelligents, qui prennent conscience d'eux-mêmes quand ils s'aperçoivent qu'ils ont été piégés. Julien devait leur ouvrir une porte sur leur jeunesse sauvage; une jeunesse déjà morte. »

J. C. : *Ce n'est pas « leur » analyse, c'est l'analyse roda-gilienne! Je ne me suis jamais dit que j'allais chanter pour je ne sais qui, je m'en moquais un peu, mais ça faisait partie des 1 001 théories d'Étienne. Nous n'avions pas défini d'image, nous étions sincères. Nous avions une idée, mais ça ne donnait pas lieu à des discussions. Après, avec le recul, on a l'impression d'y avoir pensé très fort. Philippe Galland était un copain amené par Étienne; il développait lui-même ses photos, dans son jardin. Ce gros grain, était-ce exprès? Je ne saurais le dire! Mais Étienne lui, c'est vrai, a couru les papeteries pour trouver des lettres gothiques; pendant quelques années il a eu la mainmise sur les pochettes. Ce qui est sûr, c'est que nous voulions apporter un produit fini; mais ce n'était pas si concerté.*

En fait de cadres et d'intellectuels de gauche, ce sont les lecteurs de *Salut les Copains* qui feront le succès de Julien. Sur sa « gueule », comme le prévoyait Bécaud. Quant aux intellectuels, ils ne viendront que beaucoup plus tard quand, avec le recul, on s'apercevra de la force du propos de Julien. Quand, également, le succès aidant, Roda-Gil, et Vallet, ayant pris du poil de la bête, se permettront d'aller beaucoup plus loin tant au niveau du fond que de la forme. De là, un malentendu persistant : Julien est, c'est évident, un chanteur à textes; et le fait qu'il soit l'un des mélodistes les plus originaux de sa génération n'y change rien. Au contraire. De telles mélodies ne peuvent se nourrir que de paroles fortes. On ne chante pas *L'école est finie* ou *Big Bisou* sur l'air du *Cœur-Volcan* ou de *Heureux le marin qui nage*. C'est évident. Or la conjonction de cette musique métissée au contact de mille sources, et des textes de Roda-Gil pétris d'hermétisme espagnol et du romantisme noir de Nerval et de Mallarmé, donnera un langage neuf qui chamboulera toutes les conventions d'écriture, exactement comme Trenet l'avait fait dans les années 30. Ils ne sont pas si nombreux que ça, ceux qui ont à ce point bouleversé la chanson... Pourtant c'est avant tout aux minettes qui craqueront devant ses yeux noirs, son sourire étincelant et sa dégaine de grand félin, un peu fragile, que Julien Clerc devra la plus grosse partie de son succès.

Mal à l'aise et isolé au sein de la tribu de *Hair,* il vit également assez mal ses relations avec sa propre bande. Étienne fait ostensiblement la gueule et ne se prive pas pour dire haut et fort ce qu'il pense des faux hippies de la

Porte Saint-Martin : Momo, s'il continue à jouer son rôle d'ami fidèle, s'évade de plus en plus souvent dans le poker, la fumée et l'alcool, et même Zaz commence à mal supporter sa condition de « petite amie du chanteur ». Il lui apparaît, en effet, qu'aux yeux de son compagnon, la musique a plus d'importance que leur relation. Et puis ce métier offre à Julien d'autres rencontres, d'autres aventures. Si bien que le couple s'effrite et finit par se disloquer. Julien lui-même se perd un peu dans toute cette histoire. Il commence à intégrer les chansons de *Hair* à son propre répertoire, lors de ses galas s'habille d'une invraisemblable tunique mauve et entame de longs monologues, face à son public, à qui il tente d'expliquer le sens profond du message de la pièce. Claude prend peu à peu le pas sur Julien et, « prince de Paris » ou pas, ni Maurice ni Roda ne reconnaissent en lui le personnage qu'ils ont voulu construire.

> J. C. : *C'est vrai, je me perdais un peu. J'étais là, habillé en mauve, mais elle n'était pas invraisemblable, cette tunique, elle était très jolie! J'avais des chaussures avec de très gros talons et des semelles compensées. J'ai tout gardé; quand Virginie veut ricaner, elle emmène ses sœurs voir ça.*

Ce sera Gilbert Bécaud qui, une nouvelle fois, mettra les choses au point. Juste comme se termine l'engagement de son jeune protégé avec Castelli, il le prend comme vedette américaine pour la tournée de vingt dates qu'il entreprend à travers toute la France. Pendant les premières représentations, il ne dit rien, mais soir après soir, debout à côté du rideau, il observe; jusqu'au jour où il prend Julien entre quatre yeux. Ce qui n'est jamais une partie de rigolade, quand on connaît le regard de Bécaud. Son discours se réduit à peu de choses; mais elles sont exprimées avec vigueur : « Maintenant, ça suffit! Dans cette tournée, tu ne fais pas ton métier. Tu as ton style, tes chansons, tu es Julien Clerc, ne l'oublie pas! » Une nouvelle fois la leçon portera, et cette fois elle ne sera plus jamais oubliée.

A quelque temps de là, jugeant qu'il n'a plus rien à apprendre à Julien, Bécaud aura même l'élégance de minimiser son propre rôle dans l'ascension du jeune chanteur : « La seule chose que j'ai faite pour lui, c'est de l'imposer en première partie de mon spectacle à l'Olympia, il y a deux ans. Et encore, je l'ai sans doute fait pour moi; car cela me garantissait un bon début de spectacle. »

Hair ayant été le gros succès de la saison théâtrale, tout Paris se précipita pour voir la pièce. Son parfum de scandale alimentait les conversations et tout le monde eut bientôt son avis sur la question. Y compris ceux qui ne mirent jamais les pieds au théâtre de la Porte Saint-Martin. France Gall fut de ceux qui y allèrent avec une véritable curiosité et un intérêt sincère. Le spectacle l'enthousiasma, au point qu'elle y revint quelques jours plus tard. Puis le lendemain et le surlendemain. Si bien qu'au mois de décembre, *Salut les Copains* publiait un grand reportage photographique de Jean-Marie Perrier intitulé : *France et Julien* : *Duo pour une romance*. On y voyait le jeune couple flâner dans les souks de Marrakech, vêtu de tuniques aux couleurs vives et arborant de grosses ceintures et des colliers d'argent. L'archétype des hippies de luxe... Mais ce que *S.L.C.* appelle une romance est en fait l'officialisation d'une liaison qui allait durer quatre ans et être l'une des grandes passions amoureuses de Julien.

Peu de temps avant ce petit séjour au Maroc, il venait de sortir son cinquième disque, un simple avec deux chansons écrites par Étienne : *Des larmes sucrées* et surtout *Carthage* qui sera un assez joli succès. Mais, maintenant que les principaux échelons de l'apprentissage du métier de vedette ont été franchis avec succès, il n'est plus pensable de se contenter de sortir un disque tous les quatre ou cinq mois, et de se réfugier périodiquement sous l'aile sécurisante de Bécaud. Julien doit affronter le test suprême, c'est-à-dire le passage en tête d'affiche et le verdict du public sur son seul nom. Des dates sont donc retenues pour l'Olympia et la première fixée au 16 décembre suivant.

> J. C. : *Je n'avais pas encore eu le tube vendeur, et nous décidions de prendre l'Olympia en vedette. Les moments décisifs de ma vie de chanteur se sont toujours passés ainsi, c'est par la scène que j'ai forcé les portes.*

Nous sommes au début de l'année 70 et il s'agit maintenant d'orchestrer la promotion dès à présent, si l'on veut remplir la salle du boulevard des Capucines pour Noël. Julien produira donc beaucoup dans les mois à venir et, bien sûr, *S.L.C.* sera mis à contribution. Tout d'abord en février, un reportage bilan pour savoir où en sont les choses : *Chut Juju se juge*, annonce l'accroche de la une. L'article flatte un peu le public dans le sens du poil : « Pour moi (...), l'important est d'avoir un public de copains qui participe » ou encore « A Lille, ils avaient refusé de m'afficher sur le fronton de l'Opéra, sous prétexte que je symbolisais la jeunesse à cheveux longs »; mais enfin il en sort quand même une nouvelle intéressante. Julien et Roda travaillent sur un projet de comédie musicale, dont le sujet sera la croisade des enfants. Thème cher au cœur d'Étienne s'il en est... Malheureusement, ce projet ne verra jamais le jour.

Dès le mois suivant, arrive un nouveau 45 tours, avec deux titres magnifiques : *Des jours entiers à t'aimer*, signé par Roda-Gil, et *Zucayan,* de Maurice Vallet, qui reste l'une des plus belles chansons de Julien; l'une des plus étranges aussi :

Les filons furent épuisés
Avant d'être mis à jour
Ils furent exploités
Avant même d'exister
Les chercheurs ont jeté
Leurs pioches et leurs tamis
L'or est devenu sourd
A leur triste folie...

Un vrai petit film d'aventures, une sorte de condensé de roman à la B. Traven [1] où il est question d' « indiens bleus », de « lianes enchevêtrées » et de « sales et mauvaises fleurs » avec, en plein milieu, cette strophe de rêve :

Ma barbe pousse lentement
Et la couleur de mes yeux
Se délave dans le temps
De ma mémoire en ruine...

Et puis, dans l'atmosphère lourde, créée par Jean-Claude Petit, la voix de Julien qui scande avec sauvagerie ce refrain quasi initiatique : « A Zucayan, A Zucayan. » C'est somptueux!

A peine quelques semaines plus tard, le chanteur sort son second 30 cm. Il ne s'agit plus cette fois d'une

1. *Note de l'auteur :* B. Traven : personnage assez énigmatique, qui écrivait tantôt en allemand, en espagnol ou en anglais. Il est l'auteur, entre autres, du *Trésor de la Sierra Madre* et de *La révolte des pendus.* Éditions 10/18.

compilation de 45 tours existant déjà, puisque cinq titres sont inédits sur les onze que contient l'album : *Bourg-la Reine*, *Quatre heures du matin* et *Les Menhirs*, dus à Momo, et *Faillite* et *La veuve de Joe Stan Murray*, à Étienne.

> J. C. : *C'est sans doute la moins connue de mes chansons, et l'une de mes préférées. Je la reprends cette année, alors que je ne l'ai jamais chantée sur scène.*

En fait, les choses sérieuses ne font que commencer. Tout ce que Julien a pu chanter jusqu'à présent gardait peu ou prou une certaine retenue dans le verbe. Avec *La veuve de Joe Stan Murray*, Roda-Gil franchit un cap. Les mots ne servent plus seulement à dire : ils évoquent maintenant des images plus ou moins abstraites que chacun doit reconstruire en lui-même. Ses chansons deviendront peu à peu comme ces collages où l'on assemble côte à côte des éléments fort différents et dont l'unité ne naît qu'à travers la lecture subjective que l'on veut bien en faire. Ainsi,

> *Ma patience prolifère*
> *De la province à l'horizon*
> *Reviens dans ton repaire*
> *Mon vieux mollusque ma déraison.*

Il y a certainement des milliers de façons de ressentir ces quatre vers sans fil conducteur apparent; mais c'est précisément cet éclatement du carcan cartésien que souhaitait André Breton lorsqu'il définissait d'une simple phrase tout la démarche surréaliste : « Fabriquez des machines obscures qui vous feront voir clair. »

> J. C. : *C'était une période où nous étions reconnus, sans qu'on puisse nous assimiler à aucun*

mouvement. Les gens du rock ne nous reconnaissaient pas, ceux de la chanson traditionnelle n'y comprenaient rien. Au moment de Poisson mort, *un peu plus tard, je me souviens de Carrère disant à Jean-Claude Petit : « Mais qu'est-ce qu'il raconte encore ? » Souvent, dans les interviews, quand on me disait : « On ne comprend rien à ce que vous chantez », je répondais : « Moi non plus, rassurez-vous, mais quelle importance ? »*

Quatre heures du matin, l'une des meilleures réussites de Maurice Vallet, accrochant bien en radio, Pathé Marconi sort un 45 tours au mois de juillet. C'est une méthode assez nouvelle. Jusque-là les chanteurs accumulaient les simples et, quand il y en avait assez, on les regroupait sous forme d'albums qui n'étaient rien d'autre que des compilations. Cette fois on extrait un titre du 30 cm, après qu'il eut fait ses preuves sur les ondes et, puisque le public l'a dans l'oreille, on le lui propose en « tiré à part », ce qui est moins onéreux. A plus ou moins brève échéance, cela va signifier la mort du 45 t. La plupart des artistes vont, en effet, se mettre à ne plus produire que des albums, et il faudra attendre le début des années 80 pour assister à la renaissance du single.

Octobre – Les choses se précisent en ce qui concerne l'Olympia qui approche et, pour avoir un article visuellement fort, *Salut les Copains* propose au chanteur une série de photos aux Bahamas, où on le verrait en train de se baigner et de se relaxer en attendant ce qui est, au fond, son examen de passage. Etienne étant du voyage, ils

J. C. : *Plus tard, Salut les copains m'offrira le voyage en Guadeloupe pour une série de photos. Mais les Bahamas sont mon premier contact avec les Antilles.*

s'envolent tous les deux pour les mers chaudes, tandis que Paris s'enfonce dans la grisaille de l'automne. Dans l'avion, Julien, amateur de best-sellers et de gros pavés, lit *Le Parrain* de Mario Puzo. Roda-Gil, quant à lui, est plongé dans *Cosmogonie aztèque.*

> J. C. : *C'était peut-être autre chose, du Kafka, je ne sais plus, mais j'ai retenu* Cosmogonie aztèque *parce que Étienne citait souvent ce livre, et je trouve ce titre très beau.*

« Un truc illisible, comme d'habitude. A un moment, je regarde son livre et lui demande ce que c'est, et lui de me répondre : " T'inquiète pas, Paulo, c'est la même chose que toi, c'est la même histoire; seulement c'est exprimé différemment " ». Cette anecdote que raconte Julien en riant encore est assez révélatrice des rapports qui pouvaient lier les deux hommes. Surtout lorsqu'il ajoute : « Étienne a eu une influence énorme sur moi! Je ne dirai pas qu'il a repris le rôle que mon père avait tenu, mais il est certain que j'ai toujours trouvé pratique d'avoir en face de soi quelqu'un qui exprime bien ce que vous pensez au fond de vous et que vous n'arrivez pas toujours à sortir. Il était la personne qui traduisait le mieux beaucoup de choses que je pensais ou ressentais, bien que je n'aie pas toujours été d'accord avec tout ce qu'il disait. »

4.

Juste avant l'Olympia, en novembre, Julien pour qui cette année 70 aura décidément été féconde sort *Le Caravanier* et *Les fleurs des gares*. Deux titres qui ne seront jamais réintégrés dans un album, ni même repris dans les différentes compilations et autres disques d'or qui viendront par la suite. A peine retrouve-t-on *Le Caravanier*, qui fut un énorme succès, sur l'enregistrement en public réalisé chez Coquatrix.

Des souliers bien trop grands
Pour la saison
Des cheveux bien trop longs
Pour la région
Une chemise dont les trous
Rêvent de me suivre un peu partout.

Voilà qui tombe à pic pour cette « Woodstock Generation » qui, au mythe beatnik de la route, est en train de substituer celui du voyage. Il y a là une différence qui échappera peut-être à un observateur superficiel, mais qui est certaine. La route est une fin en soi. Elle ne mène nulle part, ou du moins en revient-elle toujours. C'est le symbole de l'errance ; tandis que le voyage est un parcours initiatique qui, dans la philosophie hippie, permet d'atteindre à une plus grande sagesse et à une meilleure connaissance des autres, c'est-à-dire de soi-même.

Encore une fois Julien devient une sorte de porte-parole, alors qu'il n'est certes pas lui-même un voyageur en quête du Nirvâna. La fin de sa chanson est d'ailleurs tout à fait claire sur ce point :

Sur la piste des savanes
Nous vivons en liberté
Dans les limites d'un été.

Mais le public, qui aime qu'on lui apporte son comptant de rêve, préfère n'y entendre qu'une invitation au voyage et fait un triomphe à ce *Caravanier* qui ressemble finalement plus à un gentil animateur de club de vacances qu'à un ange vagabond.

Les fleurs des gares, qui passa un peu inaperçue à l'époque, est une chanson intéressante à double titre. Tout d'abord Roda-Gil s'y livre à un véritable exercice de style à la Mallarmé, qui ressemble presque à un manifeste symboliste et contraste de belle manière avec les influences cendrarsiennes de Momo. Mais, surtout, elle permet de tordre le cou à une légende aussi fausse que tenace selon laquelle, avant que Jean-Loup Dabadie n'entre dans l'équipe, Julien n'aurait jamais dit « je t'aime » dans une chanson. Ce genre de gimmick faisant les délices des journalistes à court d'inspiration, et qui ne vérifient pas leurs sources, et il en fut abondamment question à l'époque du succès de *Femmes... je vous aime*. De multiples articles colportant et commentant le fait finirent par donner naissance à une affabulation d'autant plus extraordinaire que les principaux intéressés l'accréditent, à commencer par le chanteur lui-même, son éditeur, et jusqu'à Roda qui a pourtant écrit le texte. « En douze ans de chansons, Julien Clerc avait battu une espèce de record, celui de ne jamais dire “ je t’aime ” », affirme-t-il, l’air d’y croire. Qu’on en juge!

Je t’aime crème
Je t’aime noir[1]
Je t’aime au rouge
Du désespoir
...
Je t’aime terre
Je t’aime boue
Et je t’aimerai
Jusqu’au bout

Pas moins de dix-huit fois en trois petites minutes. A ce stade-là, l’occulter relève de l’hallucination collective.

> J. C. : *Voilà qui montre à quel point Étienne peut être convaincant! Il a dit « On a quand même réussi, en douze ans, à ne jamais dire je t’aime! », et nous sommes effectivement tous tombés dans l’« hallucination collective »!*

Puis arriva la date fatidique tant attendue : le 16 décembre 1970. La première à l’Olympia, dont les affiches affirment sans complexe qu’il est « le plus célèbre music-hall du monde »! Le plateau est fort copieux, puisqu’il va de Trust (pas le groupe de rock, bien sûr, mais une formation dirigée par Jean Shulteiss et qui comprend entre autres Denis Lable et Charlot Benaroch qui seront

1. *Note de l’auteur* : Allusion évidente à un vers de Lorca « Verde te quiero verde » tiré du *Romancero gitano*. L’ambiguïté tient au fait que *te quiero* signifie autant je t’aime que je te veux et Roda-Gil a écrit *Fleurs des gares* en conservant intuitivement le double sens espagnol.

bientôt parmi les piliers des tournées de Julien) aux percussions africaines du Seigneur Rochereau, le plus ancien groupe de rock zaïrois, en passant par Dani et Patrick Topaloff.

J. C. : *A une époque, j'ai eu Shulteiss et Benaroch, ensemble; l'un aux percussions et l'autre à la batterie. Et Shulteiss qui était un musicien de séances, très précis, trouvait souvent que le tempo bougeait; et il s'obstinait, alors, à conserver son rythme à lui, sans suivre la batterie. Un jour que le ton était monté, je me souviens très bien avoir entendu Benaroch hurler à Shulteiss : « Je ne céderai pas! » Et, bien sûr, qui est-ce qui était devant, en train de ramer et de faire des sourires au public?*

En attraction, Bela et Kris Kremo, un couple de jongleurs danois, et Mac Ronay, le génial prestidigitateur triste qui rate tout ce qu'il entreprend, dans le fou rire général.

J. C. : *Au début, avec un tel nom, je n'imaginais pas qu'il puisse être de Gennevilliers; d'autant qu'il avait un humour très anglais. Chaque soir, comme il savait que je le regardais, il rajoutait un petit truc à son numéro; et quand certains gags, plus prévus pour le cabaret que pour ce genre de grande scène, tombaient un peu à plat, il se tournait vers moi et se donnait une petite tape sur le ventre. Comme un clin d'œil pour marquer le bide. A ce moment-là, il disait : « Bon », ce que personne n'entendait dans la salle; mais ce qui était très drôle, car tout le reste de son numéro était muet. C'était génial, et j'adorais ce que faisait Mac Ronay.*

En seconde partie : Julien Clerc. Julien et les trente-quatre musiciens de l'orchestre de Jean-Claude Petit, auquel s'est intégré l'habituel groupe de scène du chanteur, composé de Jean Rayteux à la basse, Daniel Robert et Sylvain Santorio aux guitares, Alain Giffard à la batterie et Raoul Duflot à l'orgue. Sur le programme, un petit texte de présentation écrit par Étienne : « Pirate adolescent dans la mer des contraintes adultes, prince des Russies abolies et fils des steppes nouvelles, conquérant du verglas, des pluies, des moissons dévastées, des menhirs, des canons, perdu dans des végétations sauvages, barbare destructeur d'habitudes et de mausolées, métis triomphant représentant la race à venir, la plus belle, de celle des enfants victorieux et disposant de leur destin... Il s'appelle Julien Clerc, ceux qui l'aiment l'appellent Paulo, Juju, Julien... Il ne ressemble à personne. »

Le rideau s'ouvre sur *Carthage,* et retombe derrière *La Cavalerie*. Entre-temps, Julien a tout joué, tout prouvé, tout gagné. Oublié le soi-disant « Prince de Paris », il est lui-même et c'est largement suffisant. Son aventure se résume d'ailleurs presque tout entière dans une chanson qu'il crée pour la circonstance et qu'il n'enregistrera plus jamais :

C'est pour toi que je chante,
Tremblant et peureux,
Toi la foule
Des gens heureux
Qui me guettes..
(...)
Mais je suis sur la terre
Et j'entends ses sanglots
(...)
Si je la prends aux mots
(...)
Dites-moi donc un métier plus beau

Après avoir évoqué ainsi son propre parcours, il parle à mots couverts de France, la femme aimée, et termine en présentant ouvertement ceux qui le soutiennent depuis toujours et à qui il doit d'être là :

Une petite fille blême
Derrière le rideau
Elle m'aime
Presque en sanglots
Que je chante juste ou faux

Elle sait quand s'éteindront les lumières
Reprenant mon manteau
Pour ma mère, Étienne et puis Momo
Je resterai toujours le plus beau

Tout ça
Tout ça
Comme le vent
Passera...

Terrible conclusion pour de nombreuses carrières pleines de promesses, mais fatalité à laquelle Julien échappera toujours.

A la fin du spectacle, quand les bravos éclatent comme un orage trop longtemps contenu, le chanteur invitera ses deux compères à monter sur scène, pour partager son triomphe. Cette victoire leur appartient à tous les trois et, pour rien au monde il ne voudrait les en frustrer. Ce qui est juste, sans doute, mais ô combien rare. C'est, là encore, un trait marquant de son caractère : il a le sens de ce qui est équitable. Et de même que, nous l'avons vu, ses auteurs ne revendiquent pas plus que leur part dans le succès de l'entreprise; de même n'essayera-t-il jamais de se pousser en avant à leurs dépens. Car cet homme-là, qu'on se le dise, a le culte de la fidélité.

Le soir de la première à l'Olympia, le père de Julien, et son épouse sont, bien sûr, aux meilleures places du parterre, à quelques fauteuils de Mme Merlot. Au moment des rappels, les yeux des deux femmes se croisent, et elles échangent un long regard, chacune mesurant le chemin parcouru et scellant définitivement, par accord tacite, l'enfance écartelée de Paul-Alain Leclerc.

Quelques instants plus tard, la loge de Julien est envahie par toutes sortes de visiteurs venus le congratuler. Les intimes, bien sûr, mais aussi les habituelles figures mondaines des premières, et de nombreux artistes qui saluent en lui une nouvelle valeur sûre du show-business.

> J. C. : *Quand le rideau s'est fermé, Bruno Coquatrix m'a dit : « Vous avez réussi votre première. Croyez-moi, vous pouvez les recevoir en seigneur; prenez votre temps. »*

Avec sa diplomatie habituelle, Jacques Brel à qui Julien présente sa mère, le coupe : « Je déteste les mères! », et, changeant de sujet, de le complimenter sur la qualité de ses chansons.

> J. C. : *Brel n'est pas venu à la première. Il est venu quelques jours plus tard, amené par Charley Marouani. C'était un dimanche après-midi, et ma mère, ce qui m'a beaucoup gêné, lui a demandé ce qu'il pensait de moi.*
> *Barbara aussi est venue me voir. Elle s'était mise dans une loge, et je ne savais pas où elle était. Mais, quand je lui ai posé la question, elle m'a répondu : « Oh, mon chéri, vous savez très bien où*

j'étais, puisque vous avez chanté pour moi tout l'après-midi. Alors ne faites pas semblant de ne pas le savoir. »

Mme Merlot joue un rôle très important dans cette première période de la carrière de son fils. Essayant de se libérer de son travail, le plus souvent, elle l'accompagne en tournées, et vient le rejoindre même lorsqu'il chante loin de Paris. D'une certaine manière, elle veille sur lui, car elle n'a jamais pu se débarrasser de cette angoisse qui l'a saisie, du jour où Paul-Alain lui a fait part de sa volonté de devenir chanteur. Et puis, comme beaucoup de mères, elle a bien du mal à assimiler le fait que son fils soit devenu adulte.

D'ailleurs, n'était-il pas encore mineur au moment de signer son contrat avec Pathé Marconi ? Ne se fait-il pas mettre en boîte régulièrement, par toute son équipe, sous prétexte qu'à table il ne boit que du jus d'orange ? De plus, ni Étienne ni Momo ne participent aux tournées et Julien a certainement besoin d'une présence ; bien qu'il refuse très souvent que Zaz l'accompagne.

Plus tard avec France, ce sera différent ; mais quoi qu'il en soit, ce tout début de carrière reste pour la mère et le fils une époque assez heureuse qui compense, d'une certaine manière, toutes ces années au cours desquelles ils ne pouvaient se voir qu'un week-end tous les quinze jours.

Lorsqu'elle fait la connaissance de Julien, au théâtre de la Porte Saint-Martin, France Gall a déjà quelques jolis succès radiophoniques à son actif. Débutant en 1964 avec *Sacré Charlemagne*, une chanson sur mesure pour une lycéenne de dix-sept ans, écrite par son père Robert Gall à qui l'on doit surtout les paroles de *La Mamma*, elle recevra dès l'année suivante le Grand Prix Eurovision de la chanson, pour cette *Poupée de cire, poupée de son*, avec laquelle elle représente le Luxembourg. Cette fois c'est Gainsbourg qui signe les paroles et qui découvre, tout soudain, qu'avec plus d'un million d'exemplaires vendus, la chanson peut être une vraie mine d'or. « J'ai retourné ma veste lorsque je me suis aperçu qu'elle était doublée de vison », commentera-t-il plus tard. En 66, France Gall a toujours l'air d'une adolescente modèle lorsque le vénéneux Serge lui écrit *Les sucettes*, dont elle ne saisit pas le double sens et qu'elle interprète avec une candeur touchante. A son insu, la collégienne devient un sex-symbol, pour ceux qui savent écouter entre les lignes et, plus de vingt ans après, ces sucettes à l'anis restent une chanson culte. En rencontrant France Gall, que ses amis surnomment Babou, Julien fait surtout la connaissance d'une famille. Très vite ses relations s'avèrent excellentes avec le père et la mère de France, ainsi qu'avec son frère Philippe, qui deviendra même pour un temps l'un de ses musiciens de scène. Julien aime beaucoup cette ambiance faite de chaleur, de tendresse et de complicité qui règne dans les familles unies. Lui qui a pourtant grandi dans une vraie famille, avec des frères et des sœurs, dans la même maison, la même école et les mêmes rites, gardera toujours comme une fêlure secrète cette mémoire d'enfant du divorce. Au-delà de l'affection que, chacun à leur manière, ses trois parents ont pu lui apporter, il y a en lui une quête perpétuelle d'un paysage familial stable. Cette volonté de se fondre dans la pérennité d'un clan, où la vie est régie par les usages sécurisants, ne quittera jamais Julien, et il semble bien aujourd'hui, qu'après bien des années d'incertitude et d'instabilité, il ait enfin atteint au but qu'il désirait.

Lorsque s'achève ce premier Olympia, Julien définitivement sacré star apparaît dans le numéro de janvier 1971 de *Salut les Copains*, trônant en habit de cérémonie

(Photo : Pierre-René Worms.)

Paul-Alain et son grand-père, au bord de la Méditerranée.

Monsieur et Madame Leclerc, Paul-Alain (7 ans), Gérard et la petite Sylvie.

Paul-Alain dans les bras de sa mère, à l'époque de la rue Poirier de Narçay.

Á gauche: **Alexandre Merlot, son épouse Marie-Louise et leurs deux enfants.** *Au centre :* **Evelyne, la mère de Julien.**

(Archives Julien Clerc.)

De Bercy au Grand Rex, chaque nouveau spectacle se chauffe d'abord au soleil de l'Afrique. Ici, en octobre 1987, avec le nouveau groupe.
(Photos : Pierre-René Worms.)

La Métairie : l'étang artificiel pour les copains pêcheurs. *(Photo : T. Frank/SYGMA.)*

Les Gouttes : « un rêve très romantique qui trouve certainement ses origines dans des films et des romans. » *(Archives Julien Clerc.)*

À droite : **Comme un jeune chevreuil empêtré dans une clôture...** *(Photo : P. Bzou/A2, archives Julien Clerc.)*

« Ceux qui regardent en arrière
Ne voient que de la poussière...
J'ai eu trente ans
Je suis content
Bonsoir. »
(Photo : Arnaud de Wildenberg.)

Aux Gouttes : Hercule, le poney qui sert à tirer la carriole avec laquelle Julien promène ses enfants et va faire ses courses à Saint-Sauveur.
(Photo : Ch. Simonpietri/SYGMA.)

Extrait du cahier souvenir d'une jeune « fan ». Article de *France-Dimanche* où France Gall apparaît le visage dissimulé par un cache noir. *(D. R.)*

Julien personnage de bandes dessinées sous le pinceau d'Alexis. *(Archives Marc Robine.)*

Etienne Roda-Gil à Stonehenge.
(Archives Julien Clerc.)

Avec Charlebois, la fameuse minute de silence à la fête de l'Humanité (septembre 1983). *(Archives Julien Clerc.)*

(Photo : Arnaud de Wildenberg)

14 septembre 1985. Julien épouse Virginie Couperie, à Pino, en Corse.

Ci-dessus : **les jeunes mariés en compagnie de Jean-Loup Dabadie** *(Archives Julien Clerc.)*

Ci-contre : **leurs témoins.** *Á gauche* **Bertrand de Labbey,** *à droite* **Dominique Lavanant.**
(Photo : A. Denize/GAMMA.)

Premier voyage en Guadeloupe, en septembre 1971.
A droite : **Maurice Vallet** *(Archives Julien Clerc.)*

« Il nous répond par un sourire
Pour dire qu'il ne veut pas grandir
L'enfant au walkman. »
(Photo : Isabelle Noah.)

et grand cordon de la Légion d'honneur, devant un décor qui ressemble fort à la bibliothèque de l'Élysée. La rubrique s'appelle *Si j'étais président* et, mois après mois, chaque artiste sur la sellette essaye de s'en tirer avec un peu d'humour. Le programme de Julien est simple : « Si j'étais président, je demanderais à Nixon de nommer Jerry Lewis ambassadeur des USA à Paris » et, amour du spectacle oblige : « L'Élysée serait un grand chapiteau et je me déplacerais avec tous les ministres à travers toute la France. » A titre indicatif, Antoine répondra à la même question deux mois plus tard, avec son sens habituel de la provocation : « J'épouserais Claude Pompidou. »

> J. C. : *Je ne connaissais pas cette réponse; mais je trouve ça vraiment très drôle.*

En février, paraît ce qui reste l'une des meilleures chansons de toute sa carrière : *Le Cœur Volcan*. On atteint là une sorte de perfection : l'alchimie parfaite entre une mélodie merveilleuse et un texte dont chaque vers est une image forte. Le tout servi par l'un des meilleurs arrangements de Jean-Claude Petit et surtout par une interprétation exceptionnelle. Jamais, jusqu'alors, Julien n'avait aussi bien chanté et, à tant d'années de distance, l'émotion qu'il communique demeure intacte.

Comme un volcan devenu vieux
Mon cœur bat lentement la chamade
La lave tiède de tes yeux
Coule dans mes veines malades...

Inspiré par le tango de Buenos Aires, « cette pensée triste qui se danse » comme le définit si bien Hugo Pratt, Julien qui a passé quelques jours de vacances en Argentine écrit à son retour cette plainte en mineur.

J. C. : *C'est Marie-France Brière, qui est à moitié argentine, qui m'avait emmené à Buenos Aires. Si bien que, grâce à elle, j'ai pu voir beaucoup de choses vraiment intéressantes, en quelques jours seulement; ce qui est impossible lorsqu'on ne connaît personne dans un pays. Je me souviens, entre autres, d'un musicien qui avait l'oreille coupée et qui jouait de l'harmonica de façon extraordinaire. C'est également à cette occasion que j'ai découvert Piazzola et, en vérité, c'est après l'avoir écouté que j'ai écrit cette chanson.*

Chavirée jusqu'à l'obsession par quatre basses de piano, une noire pointée, une croche et deux noires :

Comme une légende qui s'éteint
Comme un grand peuple en décadence
Comme une chanson qui se meurt
Comme la fin de l'espérance...

Sur ce piano incantatoire, Jean-Claude Petit pose une simple section de cordes et un bandonéon solitaire qu'on imagine perdu au milieu d'un immense dancing désert.

Rarement la musique de variété n'a été aussi belle. Rarement elle n'a été à ce point de la musique tout court. Quant aux paroles de Roda-Gil, elles portent en elles ce « noir soleil de la mélancolie » qui consumait Nerval.

Comme une armée de vaisseaux
L'ensemble sombre de mes gestes
Fait un vaisseau du temps perdu
Dans la mer morte qui me reste...

Le tango est l'une des formes suprêmes du blues, et peu de gens en France semblent l'avoir compris avec autant d'acuité que Julien Clerc et Roda-Gil lorsqu'ils écrivirent *Le Cœur Volcan.*

Or, à l'époque où le disque sort, beaucoup de gens dans le show-biz parisien sont perplexes devant les chansons de Julien. Décontenancés par cet univers étrange et mal balisé vers lequel nous entraînent les mots d'Étienne, ils épluchent chaque nouveauté à la recherche de nouvelles incongruités.

On a tant répété aux trois compères, à leurs débuts, que leurs chansons hors normes ne pourraient jamais marcher, qu'il faut bien maintenant trouver matière à se gausser d'un succès aussi injuste qu'incompréhensible aux yeux de ceux pour qui l'écriture s'est figée, une fois pour toutes, entre les pages d'un vieux dictionnaire de rimes. Ainsi, lorsque le disque arrive à Europe n° 1, Pierre Delanoë alors codirecteur des programmes avec Lucien Morisse, exulte : « La *lavetière* de tes yeux... ils charrient, quand même! Qu'est-ce que ça veut dire la lavetière de tes yeux? » Cherchant une signification, en long, en large et en travers, Delanoë mettra deux semaines avant d'oser poser la question à Étienne qui s'en amuse encore.

> J. C. : *Il y en a un autre, dont je tairai le nom, qui dans* Quatre heures du matin *avait compris : « Le soleil daube l'armoire », au lieu de « Le soleil d'aube larmoie ». Et il a fini par demander à Bertrand comment on pouvait « dauber une armoire ».*

Dans les mois qui suivent, Julien tourne beaucoup, de la Manche à la Côte d'Azur, en passant par l'Atlantique. Pas mal de casinos, mais surtout des chapiteaux, ce qu'il préfère. « Dans les salles, la plupart du temps, il n'y a pas assez de places et l'organisateur applique des prix d'entrée élevés. Sous chapiteau, les places sont relativement bon marché, il y a plus de monde et c'est bien meilleur pour l'ambiance. » Le groupe avec lequel il se produit alors se compose de cinq musiciens : Jean-Pierre Dorset, qui joue de l'orgue et du piano, et assure la direction d'orchestre, Jean Rayteux, le copain des jours difficiles et des rallyes du 16e, à la basse, Denis Lable et Charlot Benaroch, piqués à Trust, respectivement à la guitare et à la batterie, et Cyril Assous à la deuxième guitare. L'ensemble est renforcé par deux choristes : Anne et Alice, et se déplace, bien sûr, avec ses propres techniciens. Ajouté à cela un secrétaire-chauffeur-homme à tout faire : Guy Marshall, que tout le monde surnomme « Machepro » et que Julien a engagé pour conduire sa Mercedes 280 S et lui servir de « road » personnel; cela fait une bonne douzaine de personnes sur la route. Déjà une formule lourde à budgéter, mais le chanteur ne fait pas les choses à moitié. Comme le pressentait Bertrand de Labbey, lors de leur première rencontre, c'est une star.

5.

Un nouvel Olympia se prépare, pour le mois de décembre, comme l'année précédente; et de nouveau *Salut les Copains* fait le forcing sur Julien. C'est un bon sujet. Il plaît aux jeunes filles et ce sont elles qui assurent la base stable de son succès. Un sondage sur la question révèle d'ailleurs que sur 3 387 personnes interrogées, 306 déclarent ne pas l'aimer du tout, 834 sont indifférentes et 2 247 l'adorent. Parmi ces 2 247 fans, 2 056 filles, soit plus de 91 %.

Afin de ratisser le plus large possible, le magazine de Daniel Filipacchi abordera donc toujours Julien sous trois angles différents. Un tiers de romance à l'eau de rose, un tiers d'information véritable – et, il faut bien le reconnaître, il y aura quelques remarquables articles de fond sur le sujet – et un tiers de rêve et de merveilleux sous forme de reportages photographiques très soignés, dans des cadres aussi exotiques qu'enchanteurs. Le genre d'endroit où, de toute évidence, les artistes célèbres foncent couler des jours paisibles et ensoleillés, dès qu'ils ne sont plus à tourner comme des forçats sous nos cieux peu cléments.

Ainsi y eut-il les Bahamas à l'automne précédent, et ses vagues turquoises en plein octobre. Cette fois, alors que la

France s'installe dans l'hiver, *S.L.C.* propose à Julien de faire une sorte de pèlerinage aux Antilles, à la recherche de ses ancêtres guadeloupéens. Sous le titre *Je reviens au pays*, le chanteur parle pour la première fois de ses origines métissées à son public : « Je ne sais pas si je vous l'avais dit, mais j'ai quelques gouttes de sang noir... » Roda-Gil avait, bien sûr, soulevé un coin du voile dans son fameux texte de présentation sur le programme de l'Olympia, en évoquant ce « métis triomphant de la race à venir »; mais ce n'était qu'une image parmi d'autres (« pirate adolescent », « prince des Russies abolies », etc.) et personne n'avait vraiment relevé la chose.

> J. C. *Je me suis toujours moqué d'oublier certaines mélodies que j'avais faites; car je me dis que si je les ai perdues, c'est qu'elles ne valaient pas le coup. Il n'y en a qu'une que je regrette vraiment, c'est une chanson qu'Étienne avait écrite sur le métissage, et que je n'ai jamais retrouvée. Elle était superbe. Je ne l'aurais peut-être pas faite à l'époque; mais si j'avais gardé le texte, il est certain que je l'aurais chantée un jour ou l'autre.*

D'ailleurs si, comme nous l'avons vu, la conscience de sa différence et de son métissage social et culturel a toujours été profondément ancrée dans la sensibilité de Julien, pendant longtemps, le côté racial de la chose ne semble pas l'avoir beaucoup touché. A tel point que, tant sa mère que sa belle-mère ne se souviennent pas de l'en avoir jamais entendu parler – Mme Leclerc affirmant même que c'est par les journaux et les magazines qu'elle a appris que son beau-fils revendiquait ouvertement son appartenance aux deux races.

Aujourd'hui, comme toujours lorsqu'on prend du recul par rapport aux faits et aux émotions, le sentiment de

Julien a évolué, il s'est approfondi. Ce qui, au départ, pouvait s'assimiler à une espèce de lubie romantique, relevant autant de la fascination mythique du cousin d'Amérique que d'un véritable besoin de justifier, voire de cultiver, sa différence, est devenu avec le temps l'expression d'une sensibilité partagée et d'une commune nostalgie d'un monde plus fraternel. Car Julien, qui est un métis de la troisième génération, n'a jamais été confronté aux problèmes d'une éducation ambiraciale. Sa mère, née en France d'un père lui-même métis et d'une jeune fille du Maine-et-Loire, s'étonnera d'ailleurs de ce que Paul-Alain se sente « beaucoup plus antillais de cœur » qu'elle.

> J. C. : *C'est vrai que je ne parlais pas de ça à la maison, et que je n'ai pas eu non plus à en souffrir. Une seule fois, un copain de classe m'a traité de « métèque »; mais c'est vraiment parce qu'il était très extrême droite, et que j'étais très brun. Je ne pense même pas qu'il ait su que j'avais des origines antillaises.*

Cela ne peut donc, en définitive, s'expliquer que par un choix délibéré : l'expression d'un senti plus que d'un réel vécu. « De par mes ancêtres, j'ai une part de négritude, qui a sûrement beaucoup été tamisée, mais que je revendique et que je ressens dans mes rapports avec les blacks. C'est vrai que je suis bien avec eux. Le rapport est immédiat et fraternel. Par exemple, je suis très ami avec José Touré et le contact est toujours très facile avec les gens que je rencontre quand nous sortons ensemble... Beaucoup de choses se règlent par le rire et le sourire, et il y a là une chaleur formidable. »

Or bien qu'ayant retrouvé certains parents de son grand-père Alexandre, chez qui il est reçu à bras ouverts, et fait la connaissance d'une jeune et charmante cousine,

Marie-Claude Céleste, avec laquelle il demeurera toujours en correspondance, Julien reviendra déçu de ce premier voyage en Guadeloupe. Jouant la malchance, il débarque en pleine période de troubles et de manifestations, et assiste à quelques scènes de répression d'émeutes particulièrement violentes : « Je suis revenu la tête pleine d'images sanglantes, en me disant que ça n'était vraiment pas un pays de vacances. Je me faisais pourtant un monde d'aller là-bas; mais il a fallu que j'y retourne deux ou trois fois, avant de voir les Antilles de façon un peu plus cool. »

> J. C. : *En fait, c'est le frère de ma cousine qui m'a rapporté toutes ces images sanglantes, en me racontant ce qui se passait vraiment. Mais pour ma part je n'ai pratiquement rien vu.*

Il ne s'en cache d'ailleurs pas et, refusant de jouer le jeu de l'image d'Épinal, il met les choses au point avec son habituelle franchise : « Je ne supporte pas le climat tropical. Je suis un homme de pays tempérés. J'aime la campagne douce, et j'aime la pluie. »

Ce goût profond lui vient de son enfance, et des longs séjours en Poitou, qu'il passait à battre les champs et les bois quand la famille Leclerc s'installait aux Trois-Moutiers pour les vacances. Or les Gall, originaires de l'Yonne, ont une propriété à côté d'Auxerre, dans laquelle ils viennent régulièrement et où France et Julien les rejoignent le plus souvent possible. Peu à peu, ce dernier s'attache aux paysages vallonnés et apaisants de cette corne de la Bourgogne qui touche aux premiers contreforts du Morvan, et lorsqu'une maison se trouve être à vendre, à deux pas de celle des Gall, il décide de l'acheter. Afin de protéger jusqu'au bout le secret de la tractation, c'est le père de France qui, muni d'un pouvoir, signe la promesse d'achat et s'occupe des principales formalités.

J. C. : *La dame qui vendait la maison était très gentille, d'après ce que m'a dit Robert Gall. Elle était également très inquiète de savoir qui était le véritable acheteur. Et, avant même que Robert aille signer,* Salut les Copains, *toujours pressé, avait fait un article sur la maison, qui était encore en travaux, où l'on me voyait posant avec une pelle ou je ne sais quoi. Si bien que, lorsque Robert est arrivé à la signature, la vieille dame a tiré l'article de son sac, l'a déplié devant lui et lui a dit : « N'était-ce pas un peu prématuré ? »*

Baptisée « La Métairie Bruyère », l'acquisition de Julien se compose d'une jolie demeure où presque tout est à installer et d'une vaste parcelle de terre de vingt-deux hectares d'un seul tenant. Lui qui déclarait, récemment encore, que son souhait le plus vif est de posséder un jour une maison bien à lui, vient de réaliser son rêve. Il a tout juste vingt-quatre ans, son nouvel album est absolument splendide et il s'apprête à passer, pour la seconde fois, en tête d'affiche à l'Olympia. Ça va!

Pour sa rentrée sur la scène du boulevard des Capucines, Julien Clerc frappe un grand coup. Le disque qu'il vient de sortir est, en effet, un 33 tours composé uniquement de chansons inédites. C'est la première fois qu'il tente une telle chose, sans avoir au moins rodé un ou deux titres sous forme de 45 tours et, plus que jamais Roda-Gil se taille la part du lion, puisqu'il signe dix textes sur les douze enregistrés. Devant une telle omniprésence, certains journalistes s'étonnent, et à l'un d'eux qui lui reproche de travailler exclusivement avec Roda (Momo pour le coup semble complètement oublié dans cette histoire), le chanteur répond, non sans un certain agacement, qu'il n'y a aucune exclusive en la matière et que s'il a des candidats, il n'attend que « l'oiseau rare qui se présentera pour relayer Étienne ». Ailleurs le ton monte encore d'un cran : « Il y a des tas d'imbéciles qui croient que sans les chansons de Roda, je ferais une bien plus brillante carrière. Alors que c'est tout le contraire. Sans Roda, je n'aurais pas fait de carrière du tout. Et d'ailleurs, chanter pour chanter, ça ne m'intéresse pas. Si je n'avais pas à défendre les textes d'un ami, textes auxquels je crois, je n'aurais rien à faire dans ce métier. » Une telle virulence montre bien que Julien sait monter au créneau, pour ses amis, lorsqu'il l'estime nécessaire. Et qu'il le fait sans restriction, tant qu'il aime. Après...

Cet album qui s'ouvre sur *Ce n'est rien* marque la fin d'une espèce de malédiction liée à un commentaire de Lucien Morisse qui, au lendemain de la sortie du deuxième 45 tours de Julien, avait déclaré : « Ce sera quelqu'un comme Nougaro. Tout le monde en dira du bien mais il ne vendra pas un disque. » Celui-là sera, en effet, le premier très gros succès populaire du chanteur et dépassera les deux cents mille exemplaires vendus. C'est-à-dire le double disque d'or. Il faut dire qu'il contient une impressionnante série de bonnes chansons et que les arrangements fort variés de Jean-Claude Petit renouvellent l'intérêt de fond en comble, morceau après morceau. De plus, l'inspiration musicale s'y révèle fort riche et flirte tour à tour avec la ballade portuaire *(Ce n'est rien)*, la furia mexicaine *(Adelita)*, le rock pur et dur *(Les tout petits détails)*, le folk, façon guitare picking *(Chanson pour Mémère)* et d'autres rythmes encore, aux balancements plus caraïbes.

Plusieurs chansons de cc disque restent parmi les classiques de la première époque de Julien, et certains titres comme *La fille de la véranda, Niagara, Adelita* et surtout *Ce n'est rien* traînent encore dans toutes les mémoires d'une certaine génération. Mais l'absence de curiosité des programmateurs radio ne doit pas faire croire, pour autant, que les autres titres ne sont que des fonds d'album négligeables. Il y a là, au contraire, quelques gemmes d'autant plus précieuses que, n'étant guère passées sur les ondes, elles gardent encore, après tant d'années, la fraîcheur de la découverte. Ainsi, *L'éléphant est déjà vieux* qui, au cours d'une promenade dans un jardin zoologique menaçant ruine, évoque un amour très fitzgeraldien :

Puis, je rentre comme avant
Devant la grille de devant
Où les bisons sont assis
Écrasés par cette vie

Dis-moi, si tu sais comment
Consoler vraiment
Tout ce qui t'aimait
Dis, tu reviens parfois
Dans ce parc sans moi...
Comme autrefois...

J. C. : L'éléphant est déjà vieux *était la chanson préférée de Claude Chabrol. A vrai dire, en lisant ce livre, je redécouvre beaucoup de textes, que je ne chante plus depuis longtemps, et cela me donne envie d'en reprendre quelques-uns. Le simple fait de les relire remet certaines chansons en lumière; comme par exemple* Des mots d'ailleurs.

Et cette chute d'une amertume sans fond, mais qui, sous la plume d'un homme qui préparait 68 un an avant l'heure, reste la marque d'une lucidité et d'une intransigeance sans faille :

A trop vouloir nous enfermer
Nous avions fini par aimer
Les pauvres bêtes des musées.
A trop vouloir nous libérer
Nous avons fini par trouver
D'autres barreaux bien plus épais.

C'est le même qui écrit, et le même autre qui chante :

Ce n'est rien
Tu le sais bien
Le temps passe
Ce n'est rien

Mais cela n'est pas si sûr, si l'on regarde de près les marques que son passage laisse dans certains cœurs. Et même lorsque le ton affecte d'être à la plaisanterie, on sent bien qu'il n'y a vraiment pas matière à se réjouir.

Hey Niagara
Tes sanglots sont si longs
Que je m'y noie
Hey! Hey! Hey!
Tu inondes mon destin
De ton chagrin

Que cet humour ressemble donc à celui dont on prétend qu'il est « la politesse du désespoir »! Julien a beau chanter à la perfection, avec une sensibilité, une maîtrise et une émotion totale de bout en bout, chaque mot qu'il nous délivre porte en lui une déchirure.

Seul Maurice Vallet apporte un peu d'optimisme dans cette œuvre sombre :

Pas vu, pas pris
Et j'ai vu des hivers sans froid ni pluie
(...)
Pas vu, pas pris
Je connais un chemin où l'herbe est au soleil...

J. C. : Pas vu pas pris *était, dans notre esprit, une espèce de coup de chapeau à Charles Trenet. Dans l'idée de Momo, c'était un peu le même personnage que dans* Je chante.

Curieusement, cet album comporte de nombreuses allusions politiques, qui ne furent peut-être pas perçues comme telles, à sa sortie, mais qui auraient dû surprendre ceux qui avaient un peu trop vite rangé Julien dans la catégorie « charmeur de minettes ». Ainsi cette passionaria de la révolution mexicaine qui danse *La Cucaracha* pour les guérilleros de Pancho Villa :

On a pendu tous les notaires
Les curés et les propriétaires
Et pendant qu'ils agonisaient
Nous autres, on dansait, on chantait...!

Peu de chanteurs « engagés », répertoriés comme tels, ont été aussi loin dans le couplet subversif. Quant à *Rolo le baroudeur,* un peu abruti par toutes les guerres qu'il a faites, sans jamais les comprendre :

Il vous ferait rêver
Les pavés des boulevards...

Plus étrange encore *Les enfants et les fifres,* cette petite comptine de quarante-cinq secondes à peine, qui clôt la première face et que Julien ne chante même pas lui-même, bien qu'il en ait composé la musique.

C'est une évocation sans détour, ni possibilité d'erreur, de la Commune de Paris et des Versaillais qui la noyèrent dans le carnage.

Les enfants ont soufflé
Dans les fifres de guerre
Ils ont soufflé si fort
Que la bête a tremblé

Cachée près de Versailles
Où était son repaire
Ils ont soufflé si fort
Que la bête a tremblé

Est-ce une façon détournée d'apprendre l'histoire de France aux jeunes lecteurs de *Salut les Copains,* ou un appel du pied en direction des fameux cadres abonnés au *Nouvel Observateur,* pour leur indiquer qu'il serait temps qu'ils ouvrent leurs oreilles et justifient la théorie initiale échafaudée par les trois amis.

6.

Depuis quelques mois par l'intermédiaire de France, Julien a fait la connaissance de celle qui sera désormais, selon son propre mot, « sa seule amie femme » : Martine Cartegini. Celle-ci travaille en effet dans la haute couture et plus particulièrement chez Real, le couturier des stars. Là où se nippent B. B., Marlène Jobert, Sylvie Vartan, etc., et bien sûr France Gall. A force de se rencontrer lors d'essayages et de présentations de collections, au cours desquels ils sympathisent et commencent à parler de tout autre chose, une profonde amitié s'installe entre eux deux. Amitié qui, quelques années plus tard, survivra, sans même que le problème se pose, à la rupture d'avec Babou.

Peu à peu, Martine devient une habituée de la Métairie, dont elle conserve, entre autres, le souvenir d'interminables parties de tarot, et elle s'intègre à la bande des intimes de Julien. La vision qu'elle a de lui, après cette longue fréquentation régulière, est d'ailleurs intéressante, en ce sens que c'est peut-être le seul regard féminin qui, tout en n'étant ni celui d'une parente, ni celui d'une compagne, a eu autant l'occasion d'observer Julien dans ses gestes les plus habituels, les plus ordinaires, et dans ses rapports quotidiens avec son entourage. « C'est un terrien et un traditionaliste, comme son père; mais il a aussi hérité d'une certaine fantaisie, par sa mère. C'est quelqu'un qui a besoin de se recréer une famille, avec ou autour de ses amis. Il aime les repas, les belles tablées, Noël et les anniversaires, et il adore préparer lui-même un plat, pendant toute une journée, pour le plaisir de ses invités. Il va toujours au bout des choses et parfois il peut être très autoritaire, presque cassant. Il est également d'une nature jalouse, mais c'est quelqu'un d'excessivement pudique et qui a, en même temps, un don assez fascinant pour tourner la page. Il dit d'ailleurs : " Je suis un tardif. " Et je pense que c'est l'un des rares hommes qui croient très fort en l'amitié homme-femme. Il n'y a jamais eu d'équivoque entre nous, jamais l'ombre d'un flirt, simplement Julien comprend vraiment les femmes. Il a une sensibilité féminine. Il sent quand elles sont contrariées, ou quand elles vont bien. Alors il va toujours à l'essentiel et, en deux mots justes, il sait rassurer; car c'est quelqu'un de très généreux... »

Ayant toujours travaillé dans le domaine de la mode, Martine Cartegini commence peu à peu à donner quelques conseils épisodiques à Julien, jusqu'au jour où celui-ci lui demandc franchement comment elle le verrait habillé pour son prochain Olympia. Or, on commençait à parler à l'époque d'un certain Karl Lagerfeld, dont les gens du métier assuraient qu'il était un créateur de génie. Martine met donc les deux hommes en contact et le chanteur découvre alors que le styliste est un de ses fans de la première heure, qu'il possède tous ses disques et que l'idée de l'habiller le séduit tout à fait. La cause est donc entendue et le brillant couturier se met à l'ouvrage. Il repense complètement la silhouette de Julien et finit par lui dessiner une tenue composée d'un pantalon à taille très haute, ce qui le grandira encore un peu, au nom du sacro-saint principe que « sur scène on n'est jamais trop grand », et d'un spencer rehaussé de paillettes. L'idée de départ étant de donner une impression de triangle, avec de longues jambes et de belles épaules bien droites. Pour compléter l'ensemble, Julien portera des chemises à manches courtes et monogrammées à ses initiales. L'ensemble est remarquable et tranche très agréablement sur la routine de l'époque qui faisait que, mis à part Claude François qui avait très bien étudié son coup, la plupart des chanteurs s'attifaient plus ou moins n'importe comment ou sacrifiaient à l'éternel costume sombre.

La première à l'Olympia est fixée au mercredi 29 décembre et, quatre jours plus tôt, *L'Humanité Dimanche* titre : « Ça y est, Julien Clerc est au musée Grévin ! » A la question : « Comment entre-t-on au musée Grévin ? » la direction répond que Julien « est un personnage d'actualité. C'est un garçon qui monte. Il n'est plus seulement l'homme de *Hair*, et a évolué. Et puis on ne peut tout de même pas montrer seulement le petit Mozart ! » Julien Clerc doit franchement sourire de se voir statufié à deux pas de ce « M. Mozart » à qui Paul-Alain dédiait toujours quelques cuillerées de soupe.

Le moins que l'on puisse dire est que le programme de ce nouvel Olympia ne fait pas l'unanimité des grands jours, dans la presse. Le plus méchant de tous étant sans doute le critique de *L'Express* qui résume la soirée ainsi : « Avant Julien Clerc, il faut supporter (...) le jeune Eric Charden et sa femme Stone, à qui il ne devrait pas être permis de crier aussi fort et aussi faux que dans leur salle de bains conjugale. Et le jeune Gilbert Montagné. Il est aveugle. Ray Charles aussi. Là s'arrête la comparaison. Comme si tous les Allemands sourds devaient écrire neuf symphonies... » La volée de bois est sévère, mais dans l'ensemble, c'est quand même assez bien observé.

J. C. : *Quelques années auparavant, dans* Le Monde, *qui était le journal que lisait mon père, à l'époque, l'une des Sarraute, je ne sais plus laquelle des deux, avait écrit que j'étais nul et que je faisais des chansons dans le style « Tovaritch ». J'avais été obligé de ceinturer mon père pour qu'il ne lui envoie pas une lettre lui disant que lorsqu'on est critique, on ne confond au moins pas une chanson de Julien Clerc avec une pièce de Jacques Deval. Elle avait appelé* Ivanovitch, Tovaritch, *ce qui avait outré mon père qui a toujours été grand amateur de théâtre.*

Julien, quant à lui, reçoit une critique dithyrambique. Le voilà définitivement sacré « vedette » aux yeux des lecteurs de *L'Express.* Les objectifs fixés en 68 sont maintenant définitivement atteints.

Plus qu'atteints même, si on y regarde de plus près et que l'on considère que cela fait deux ans de suite que Bruno Coquatrix fait confiance à Julien Clerc pour lui remplir sa salle au moment des fêtes de fin d'année; période sensible entre toutes, que l'on réserve généralement à des valeurs sûres. Or, on ne remplit pas, pendant quinze jours, surtout au moment des fêtes, un lieu de la taille de l'Olympia : deux mille places, sur la seule clientèle des jeunes. Julien Clerc est donc, à l'évidence, devenu un chanteur tous publics, ce qui, sans changer un iota aux poèmes de Roda-Gil, aux cartes postales brumeuses de Maurice Vallet et à ses musiques folles, est un véritable tour de force.

J. C. : *En vérité, à la fin de mon premier Olympia, Bruno Coquatrix m'avait dit : « Vos chansons sont trop difficiles et vous avez les cheveux trop longs. » Si bien que, lorsqu'il m'a redemandé l'année suivante, nous avions notre*

réponse toute prête. Ce à quoi il a rétorqué : « Mais maintenant ils sont habitués. »
Je crois que c'est au cours de ce second Olympia qu'au moment du salut, quand le rideau s'est fermé, avant les hypothétiques rappels, que, dans le noir, Bruno m'a pris dans ses bras et m'a dit : « Tu as bien travaillé, mon petit; c'est bien », en me serrant très fort, juste avant de disparaître, emporté avec le rideau.

Quelques jours après sa « dernière », alors qu'il est en vacances à Ceylan, en compagnie de France Gall, en attendant d'attaquer début février une tournée qui doit le mener tout autour de l'Hexagone, pendant un mois et demi, pour finir par trois grosses semaines dans les théâtres de la périphérie parisienne, Julien Clerc passe à la télévision. Non plus en tant que chanteur mais comme acteur. Il a, en effet, tourné, sous la direction de Claude Goretta, un téléfilm intitulé *Le temps d'un portrait* où, sur un scénario de Claude Fléouter, il joue le rôle d'un jeune chanteur. Bien qu'il ait lui-même composé la musique, ça n'est en aucun cas une comédie musicale, et il faut bien reconnaître que cela n'a pas laissé un souvenir impérissable dans les annales de l'O.R.T.F.

L'année 1972 est une année cruciale dans l'organisation de l'équipe de Julien, dans la mesure où Bertrand de Labbey démissionne du Rideau Rouge dont il est le directeur depuis douze ans, pour aller fonder ses propres éditions : Sidonie. Cela pourrait n'être, en soi, qu'une simple péripétie de carrière, mais les choses ne se passent pas aussi bien que de Labbey l'aurait voulu et, alors qu'on semblait être arrivé à un compromis selon lequel, bien qu'en dehors du Rideau Rouge, il continuait quand même à s'occuper du catalogue de Julien qui ne changeait pas de maison d'édition, le clash apparaît inévitable avec

Bécaud, qui a un peu tendance à prendre cette affaire comme un échec personnel. Pour trancher, de Labbey décide que, même à titre d'intervenant extérieur, il ne veut plus être salarié par quelqu'un avec qui il est en conflit ouvert et qui le menace d'un procès pour rupture de contrat. Il reprend donc son entière liberté et, partant, informe Julien qu'il renonce à travailler pour lui, quoi qu'il lui en coûte. Une nouvelle fois, celui-ci montre la vraie nature de son caractère et son sens de la fidélité en amitié. Lui qui, et il y a à peine trois ans, faisait le lever de torchon des spectacles de Bécaud, monte seul au créneau pour affronter la colère du patron.

Certaines personnes, comme Raimu, ont (ou ont eu) le génie de la fureur homérique, qui se nourrit de sa propre ire. Il paraît que Gilbert Bécaud est de ceux-là et que, dans ces moments d'apocalypse, il n'y a plus qu'à rentrer sous terre. Les deux hommes s'expliqueront en tête à tête et l'entretien sera effectivement particulièrement houleux; mais Julien ne cède pas d'un pouce. Tenace comme ces poneys landais qu'il affectionne, il fait front et ne recule sur rien. Dans les semaines qui suivent, l'affaire finira bien par se tasser un peu et l'on évitera le procès. Mais chacun reste sur ses positions de principe et, deux ans plus tard, dès que son contrat arrive à expiration, Julien passe chez *Sidonie*, avec armes et bagages.

Quand Julien achète la Métairie, l'endroit est inhabitable tel quel et, les toiles d'araignées formant le gros de la décoration, il se lance dans toute une série de rénovations et de transformations. Son but est de créer une espèce de havre. Une halte confortable et chaleureuse où les copains de passage se sentiront bien, qu'ils y restent quelques heures ou quelques semaines.

Comme il s'agit d'une ancienne ferme, ainsi que son nom l'indique, il y a plusieurs corps de bâtiments et la place ne manque guère. Il organise donc tout le rez-de-chaussée de la bâtisse principale en une immense salle de séjour, avec un coin cheminée, un coin pour le billard et le poker et un coin salle à manger; tandis que l'étage est fractionné en chambres. En attendant que les travaux d'aménagement soient terminés, la Métairie est à peu près inhabitable, si bien que cette maison dont il a si souvent rêvé ne lui sert guère que de lieu de vacances ou de week-end. Car le fait de n'être qu'à cent soixante kilomètres de Paris la rend très facilement accessible et, dès que son planning le lui permet, Julien s'évade et vient humer l'odeur de sa terre et de ses bois, et surveiller l'avancement des travaux.

C'est à Beauvais que, le 3 février, commence la tournée marathon qui doit faire accomplir un véritable tour de France à Julien, avant qu'il n'aille écumer les moindres recoins de la grande banlieue. Au total, plus de deux mois pleins sur les routes, avec Gilbert Montagné en « américaine », Martine Clemenceau comme vedette anglaise et Jean-Louis Bleze en lever de rideau. Le programme que chante Julien, tous les soirs, est exactement le même que celui qu'il vient de donner à l'Olympia. Attaquant sur la pulsion tribale de *Cris, tambours et masques de guerre*, il s'achève par *Ce n'est rien*, après un panachage habile de chansons nouvelles et d'anciens succès parmi lesquels – les vieux démons sont durs à tuer – on retrouve *Laissons entrer le soleil*, extrait de *Hair*.

Vers la fin de l'année, nouveau 30 cm, avec encore une fois un très gros succès radiophonique, *Si on chantait*. Le texte est somme toute assez simple et, au lieu de suivre un fil conducteur, procède par images juxtaposées :

Marie si belle
Marie vaisselle
Marie chandelle
Plume d'hirondelle

Fleur sans colline
Fleur en cuisine
Marie sans fard
Fleur de brouillard...

Quant au refrain, il est de ceux qui ne vous décramponnent plus la mémoire, sitôt qu'on l'a entendu, ne serait-ce qu'une fois.

Si on chantait
Si on chantait la la la la...

Pas de quoi se taper la tête contre les murs, on le voit; mais, après tout, la chanson n'est pas faite, non plus, pour se faire des bosses au cerveau. De plus, c'est comme toujours chanté à la perfection et l'arrangement de Jean-Claude Petit est terriblement efficace, avec sur le couplet une espèce de dialogue entre la voix de Julien et une guitare électrique et, au refrain, de larges nappes de cuivres à la manière d'un big band. Bien qu'étant loin d'être une de ses chansons majeures, *Si on chantait* reste l'un des classiques du chanteur. Par contre, le reste de l'album, et c'est là l'essentiel, regorge de titres plus ambitieux, dont certains sont de vrais chefs-d'œuvre. Peut-être aura-t-il fallu prendre le recul de quelques années, pour se rendre compte à quel point la production de Julien Clerc (et c'est encore plus vrai depuis l'album précédent) tranche sur l'ensemble de ce qui se fait alors en matière de chanson française. Le succès étant un miroir aveuglant, on en arrive parfois à ne plus considérer que le quantitatif, au détriment du qualitatif. Or Julien pèse, à l'époque, entre cent et deux cent mille exemplaires par album, et ce fait devient une réalité en soi. Mais, n'en eût-il vendu que cinq mille, cela ne changeait rien à l'affaire : l'extrême exigence de son œuvre le situait d'autorité parmi, pesons nos mots, les plus grands créateurs de l'industrie de la musique populaire en France. Simplement sans assise commerciale solide, il se serait trouvé dans l'impossibilité de poursuivre cette œuvre et de la développer. On ne choisit pas de chanter des choses comme : *Elle a au fond des yeux* ou *Des mots d'ailleurs* dans l'espoir de faire un score. On le fait parce qu'on est un véritable artiste d'une irréductible intransigeance. Comme toujours, Momo a peu écrit; mais les deux chansons qu'il signe ici sont l'indispensable pendant aux fantasmagories de Roda-Gil. Alors que ce dernier promène Julien de l'Irlande au Brésil, en passant par Mexico, l'empire austro-hongrois et le ventre des forges incandescentes, Maurice le fixe dans son quotidien, l'amour de sa compagne, tout d'abord :

Elle a au fond des yeux
Des miroirs bariolés
Qui ont des airs de lacs
De sang et d'eau mêlés...

et celui de la terre, avec une évocation chaleureuse des soirées à la Métairie, dans la grande salle aux meubles lourds où crépite un feu de bûches.

La nuit c'est plein de musiciens
Qui jouent sur des violons fous
Les ombres bizarres et les bruits
Frôlent les flammes des bougies...

L'illustration de la pochette de disque, conçue par Étienne, reflète bien cette dualité. A côté d'objets très familiers, très ordinaires, comme un encrier et son porte-plume Sergent-Major, quelques crayons, un ticket de métro, un sucre d'orge, un peu de monnaie et un vieux buvard de bureau, se trouvent des appels au rêve et à l'aventure : un morceau de minerai que l'on devine aurifère, une maquette de galion, un paquet de cigarettes espagnoles et une aquarelle de Charles Bodmer, l'explorateur des indiens Mandans [1].

Comprend qui peut. Rien n'est appuyé; mais tout est là. Julien ne prêche pas, il n'essaie pas de convaincre qui que ce soit, de quoi que ce soit, se contentant de montrer et de suggérer. A chacun, ensuite, de prendre ce qui convient le mieux à son cœur.

Outre *Si on chantait*, deux autres chansons de l'album eurent un impact important : *Jouez violons, sonnez crécelles*, valse romantique, qui reprend le vieux thème cher à Ronsard de l'amour qui ne saurait attendre :

C'est qu' le temps est aux demoiselles
Ce qu'il est aux pauvres hirondelles
Il faut faire voler ses jupons
Il neige bien avant la saison...

et *Le Patineur*, chanson quasi mythique à laquelle ceux qui n'ont jamais voulu admettre l'évolution de Julien le ramènent toujours. Pour ceux-là, il y a le Julien Clerc du *Patineur* et celui de *Cœur de Rocker*. Un fossé les sépare et, bien entendu, l'un n'existe qu'au détriment de l'autre.

Cela en est tellement caricatural que, lorsque le chanteur évoque les nostalgiques de sa première période, ce n'est pas sans une certaine irritation qu'il les baptise : « Le club des Patineurs. »

---

1. *Note de l'auteur :* Voir à ce sujet *Le peuple du premier homme*, par D. Thomas et K. Ronnefeldt. Illustrations de Ch. Bodmer. Éditions Flammarion.

J. C. : *Ça, c'est encore une trouvaille d'Étienne. Quand on écrivait des chansons ensemble, il disait lui-même : « En voilà une qui plaira au club des Patineurs », ou au contraire : « Celle-là, elle ne plaira pas au club des Patineurs... »*

Et puis, autres temps forts du disque : *Sertao*, sorte de court métrage à la Glauber Rocha où, dans la lumière crue d'un désert du Norte, passent les silhouettes des derniers « cangaceiros »; et surtout *Des mots d'ailleurs*, peut-être le plus beau texte jamais écrit par Étienne Roda-Gil.

Un empire à l'abri de la loi
Une terre où vivaient les Nahuas
Et des tours qui jaillissent des eaux
La lagune de Mexico...
Le bonheur blotti tout près de toi
Des jardins où passent des pumas
Des parfums flottant dans les drapeaux
La lagune de Mexico

Ce sont bien sûr des mots d'ailleurs
Pour étourdir un peu ton cœur
Des mots d'ailleurs...

Un empire à l'abri des combats
Une terre sans esclaves et sans rois
Entourée de soleil et de joie
Des oiseaux qui ne meurent pas

Le bonheur blotti tout près de toi
Des enfants qui rient et te tutoient

Et dans l'air quatre ou cinq soleils
Des étoiles et tout l'arc-en-ciel

Ce sont bien sûr des mots d'ailleurs...

De la poésie parnassienne pure, qui compile des souvenirs jamais vécus, pour le seul plaisir des images qu'ils éveillent en nous : des mots d'ailleurs...

7.

La Métairie s'organise. Elle devient une vraie maison, un endroit où il fait bon venir pour échapper au rythme de Paris et aux obligations du métier d'homme public. Julien y fait creuser un étang artificiel qu'il peuple de poissons, pour les copains qui aiment la pêche. Dans le grand pré, devant le corps de ferme, il installe des poneys landais qu'il a achetés un jour qu'il passait par hasard, dans cette partie de la vallée de l'Adour que l'on appelle les Barthes et qui subit régulièrement les crues du fleuve. Le paysage des Barthes ressemble d'une certaine manière à la pampa d'Argentine et, du côté de Saubusse, y paissent en liberté des troupeaux d'oies et des bandes de poneys à demi sauvages. Ces derniers sont assez jolis car, tout en étant de petite taille, ils conservent néanmoins la finesse des chevaux. Séduit, Julien achète trois ponettes qu'il laissera vaquer en liberté sur ses terres et que personne ne cherchera jamais à monter.

Pour s'occuper de la Métairie, lorsque France et lui-même sont absents, il engage un couple à tout faire : les Goreau. Roselyne s'occupe de la maison, tandis que Jean-Michel entretient la propriété. Et ce n'est pas l'ouvrage qui manque car, loin de n'être qu'une résidence secondaire, la Métairie est également une véritable ferme, avec moutons, cochons et basse-cour.

Jean-Michel Goreau est un peu plus jeune que Julien, et une véritable amitié se noue rapidement entre les deux hommes. Ainsi, longtemps après avoir vendu ses propriétés de l'Yonne et quitté la région pour changer radicalement de vie, le chanteur évoque encore Jean-Michel avec chaleur : « C'était une personne tout à fait extraordinaire, d'une race de gens comme il n'en existe vraisemblablement plus que dans les romans du XIXe siècle. Refusant de prendre des vacances et abattant à lui seul un travail considérable. C'était un type de l'Assistance publique qui avait été élevé dans une ferme et qui connaissait bien ce métier ; et il était totalement libre de ses actes, car j'avais en lui une confiance aveugle. »

Peu à peu, la maison commence à s'animer comme Julien l'avait souhaité. Les amis viennent de plus en plus régulièrement et le maître de céans se fait un plaisir de cuisiner pour eux. Non pas de ces tambouilles expédiées à la hâte et qui ne servent qu'à couper la faim, mais des plats élaborés qui lui demandent souvent plusieurs heures de préparation minutieuse. Car Julien est gourmand, et la cuisine étant l'une de ses passions, il la traite avec un sérieux de professionnel. Et, à moins que l'on ne s'engage dans d'interminables discussions à bâtons rompus, devant la grosse cheminée de pierre, les soirées se terminent souvent à des heures impossibles, autour de la table de poker ou de tarot.

Cela fait maintenant quatre ans que Julien Clerc et France Gall vivent ensemble. Julien s'est fondu au sein du clan familial de sa compagne, qui est très soudé, et il entretient avec Robert Gall et son épouse des relations profondes et affectueuses. Il a même engagé le frère de France : Philippe, ainsi que deux de leurs cousins : Denis et Richard Lable, dans son groupe de scène. L'ensemble forme autour de lui un cocon protecteur et sécurisant, à l'intérieur duquel il semble s'épanouir. Ce qui n'est pas, hélas, le cas de la jeune femme. A cela, bien sûr, de multiples raisons, à commencer par le fait que, étant dans une période assez basse de sa carrière, au moment où elle rencontre Julien, elle se laisse délibérément enfermer dans l'ombre de ce dernier qui est, lui, dans une phase ascendante fulgurante. N'éprouvant à son égard aucun sentiment de rivalité professionnelle, elle ne tente rien pour essayer de relancer sa propre popularité, se contentant bientôt de n'être plus France Gall, la vedette yéyé; mais simplement la compagne de Julien Clerc. Pourtant, lorsqu'on a un véritable tempérament d'artiste, entretenu de surcroît par une forte tradition familiale – outre le fait d'être la fille de Robert Gall, France est également la petite-fille du fondateur des Petits Chanteurs à la Croix de bois – ce genre de choses ne peut pas s'éterniser. D'autant que Julien la cache aux yeux du monde entier, à l'exception de ses intimes; depuis que quelqu'un de son proche entourage lui a fait remarquer qu'avec son public, en grande partie féminin, il valait mieux qu'il apparaisse comme un jeune séducteur romantique, sans attaches sentimentales précises. Ce qui, même à l'époque, était un calcul idiot car, en vieux fan des Beatles qu'il est, Julien aurait dû se souvenir que leurs mariages successifs ne leur avaient jamais enlever une seule admiratrice.

En fait, Julien fait plus que la cacher : il la camoufle. Ne sortant jamais avec elle dans les lieux publics, il lui demande de porter une perruque lorsqu'elle vient le voir au spectacle. Et le jour où, par surprise, un reporter de *France-Dimanche* arrive à les photographier, les agents du chanteur obtiendront que la photo ne paraisse qu'avec un cache noir masquant le visage de la jeune femme. On est bien loin, on le voit, de l'idylle dans les souks de Marrakech, mise en scène par *Salut les Copains*.

J. C. : *Je ne pense pas que cela soit « les agents du chanteur » qui aient obtenu que la photo paraisse ainsi. Je crois plutôt que c'était une bonne accroche pour cette presse-là.*
Quoi qu'il en soit : Mea culpa...

Peu à peu, France se sent prise au piège. Elle étouffe et, tout en restant profondément éprise de Julien – les choses ne sont jamais si simples –, elle commence à se demander si son bonheur est bien là.

Étant par nature très pudique, Julien ne parle jamais de ses relations avec « Babou », même à ses copains les plus proches; et d'ailleurs il n'est pas certain qu'il ait réellement senti le piège, vers lequel leur amour était en train de glisser, avant qu'il ne soit trop tard. Mais Étienne, qui est quelqu'un d'une grande finesse, sent bien que, si rien ne change, le couple court à la catastrophe à plus ou moins brève échéance. Ayant évalué la situation avec lucidité, il comprend que Julien ne fait pas toujours tout ce qu'il faudrait, vis-à-vis de sa compagne, et surtout que celle-ci n'est pas assez mise en valeur, existant plus par personne interposée que par elle-même. Alors, pour tenter de faire passer quelques messages entre les deux amants, et sauver ce qui peut l'être encore, Roda écrit à l'intention de France une superbe chanson d'amour que chantera Julien : *Je sais que c'est elle.*

De ses deux bras tendus
Elle fait l'horizon et le ciel
Où sa tête en se balançant
Fait toute la course du soleil...

Certains vers évoquent leur situation présente avec tant de précision et de lucidité,

Moi sans vouloir te montrer,
Je garde toujours mes merveilles...

que France Gall ne peut guère ignorer que c'est elle que célèbre la voix de Julien lorsqu'elle proclame un amour qui, pour maladroit qu'il puisse être, n'en est pas moins passionné.

Autre message discret, envoyé par Roda-Gil qui s'occupe toujours de la conception des pochettes des disques : une petite photo de France à l'intérieur du nouvel album qui arrive. Celui-ci s'appelle tout simplement : *Julien* et il y est beaucoup question d'histoires d'amour. D'amours perdues, bien sûr, et de passions qui tombent en ruine. D'ailleurs le très court texte d'*Introduction*, chanté sur la plainte viennoise d'un violon, installe immédiatement ce qui sera le climat de l'album :

J'écris de cette encre séchée
Et je chante pour toi
Cette chanson composée
De soie trouvée dans le passé
Quelques jonques provisoires
Se balancent sur l'été
Et je sais maintenant
Combien je t'aimais
Je t'aimais.

Des avions inutiles
Flottent dans l'automne
Et tu sais maintenant
Que je n'aime plus personne.

Mis à part *Je sais que c'est elle* qui est ouvertement dédiée à France, Étienne revient à plusieurs reprises, tout au long du disque, sur les problèmes que le couple doit affronter et résoudre, s'il veut survivre. Ainsi :

Ce n'est pas que tu sois jalouse
Tu connais tous mes souvenirs
(...)
Ce n'est pas que sois farouche
Tu connais bien trop de chansons
Mais que je me prenne la bouche
A n'importe quel hameçon
Te ferait perdre la raison.

Le ton est parfois au désabusement, devant ce qui apparaît de plus en plus comme la conclusion logique de l'histoire :

Ce n'est qu'un radeau, ma Belle
L'amour que vous avez pour moi
Mais c'est un radeau de pierre
Et vous savez qu'il sombrera.

L'album se referme néanmoins sur un superbe cri d'amour : *Vous* et rien n'est encore perdu. Mieux, tout pourrait peut-être encore être sauvé car la passion que se vouent les deux jeunes gens reste presque intacte, malgré les quelques inévitables coups de griffes du temps et France ne demande rien d'autre, au fond, qu'un peu d'espace vital pour respirer et la possibilité d'être de nouveau elle-même. Elle tentera alors de faire un disque et, pour l'occasion, Julien lui écrira deux chansons dont une, *Chasse-neige*, sur des paroles de Roda-Gil. Mais l'expérience n'est pas convaincante et Julien reconnaît volontiers ne pas être très bon dès lors qu'il s'agit d'écrire pour les autres.

Lorsque, quelques mois plus tard, France Gall rencontrera Michel Berger, l'attitude de celui-ci à son égard sera à l'opposé de celle de Julien. Alors que ce dernier la gardait secrète et la faisait peu à peu disparaître de la vie publique, Berger la magnifie et la repropulse au premier rang. Il commence par lui écrire un tube sans équivoque : *La déclaration d'amour*, et fait d'elle une star avec un comportement de star au vu et au su de tous. Cela reste, d'ailleurs, dans la logique des choses et des tempéraments. Car, autant Julien est un individu pudique, timide et renfermé, vivant à l'époque dans un monde hyper-protégé où tout tourne autour de lui, autant Berger, sous son éternel sourire d'étudiant bien comme il faut, est en réalité un véritable Pygmalion, (il l'a déjà prouvé avec Véronique Sanson), doublé d'un bosseur acharné qui, sur le premier album de France Gall, s'occupera de tout : de l'écriture des chansons – paroles et musique – à la production en passant le fait de jouer lui-même toutes les parties de piano.

Mais nous n'en sommes pas encore là et, pour l'instant, Julien Clerc s'apprête à faire son troisième Olympia en vedette. Son dernier disque marche très fort, tiré par des titres comme *Ça fait pleurer le Bon Dieu*, et *Heureux le marin qui nage* ou *Je sais que c'est elle* et, sortant du ghetto de la presse yéyé (encore que le mot ne soit plus très exact en 1973, mais comment qualifier autrement des revues comme *Salut les Copains*, *Mademoiselle Age Tendre*, *Hit* et autres *Podium)*, il reçoit la reconnaissance sans restriction de la presse rock. Ainsi Sacha Reins écrit-il dans *Best :* « Julien Clerc, c'est l'intrusion du rêve, du fantastique et de l'énergie incontrôlable dans le monde sordide et volontairement débile de la chanson française [1].

1. *Note de l'auteur* : Dont les fleurons sont, à l'époque, Mike Brant, Ringo, Carlos, Patrick Juvet, Frédéric François, etc. Sans oublier, bien sûr, les glorieux aînés : Cloclo, Sheila, Vartan et consorts...

Son nouvel album apporte une bouffée d'air pur salvatrice. (...) En écoutant *Poissons morts*, il apparaît évident qu'un rock français peut exister, tandis que *Bec de lièvre* est un exemple de violence et de colère frustrée, comme on n'osait plus l'imaginer depuis les premiers Hallyday d'il y a dix ans. »

Le même Sacha Reins réalisera, d'ailleurs, pour le numéro de juin 73 de *Best,* une interview absolument exemplaire du chanteur, dans laquelle il pousse ce dernier à s'expliquer sur ses rapports avec le métier, l'argent, la célébrité, son public qui ne comprend pas toujours ses chansons, *S.L.C., Hair,* le rock, les USA, le Viêt-nam, etc.

> J. C. : *Pour cela, il aura fallu la rencontre humaine avec Sacha. C'était vraiment l'une des toutes premières fois que je rencontrais un journaliste de ma génération et qui, tout à coup, allait aussi loin dans ses questions.*

Un modèle d'entretien intelligent, au cours duquel Julien vide vraiment son sac. Il y fait, entre autres, allusion à Jean-Loup Dabadie, qu'il ne connaît pas encore et avec lequel il n'envisage évidemment pas de travailler un jour, quand, répondant à une question sur la soi-disant originalité de Michel Polnareff, il remet les pendules à l'heure : « Ça n'est pas une révolution, Polnareff, c'est un excellent musicien... D'accord, il prend les gens de front, d'accord il fait des affiches avec ses fesses et avec son sexe (...) mais je veux dire que ce monsieur se fait quand même faire des textes par Pierre Delanoë et Jean-Loup Dabadie, alors pour moi, quand on va au bout du raisonnement, il y a un os à un moment – cela dit malgré tout le respect que j'ai pour Pierre Delanoë et Jean-Loup Dabadie. » Mais qui donc n'a jamais dit : « Fontaine, je ne boirai pas de ton eau » ?

Il n'y a pas que les histoires d'amour qui résistent mal au

temps qui passe et cet album : *Julien* laisse apparaître la première fissure dans l'équipe habituelle du chanteur. Pour la première fois depuis le début de l'aventure commune, ce n'est pas Jean-Claude Petit qui écrit les arrangements, mais un orchestrateur anglais, Bill Shepherd. Volonté de renouveler un peu le son d'ensemble ? ou riposte aux chefs d'orchestre français qui sont en train de s'organiser en syndicat, pour exiger une réévaluation de leurs émoluments et notamment des parts d'arrangeur sur les royalties des disques ? Comme toujours, il y a un peu des deux, bien sûr, et cela permet à Julien de faire connaissance avec les studios anglais. Le disque est, en effet, enregistré à Londres, aux studios Trident. L'atmosphère est d'autant plus étrange que, outre l'absence de Petit, Roda-Gil travaille en parallèle dans un autre studio, mais au même endroit, au second album de Mort Shuman, et fait d'incessantes navettes entre les deux cabines-son.

> J. C. : *Je me souviens très bien avoir lu le texte du* Lac Majeur, *sur le piano de Jean-Claude Petit, alors que je lui apportais des chansons à arranger. Je n'ai pas vu tout de suite que c'était d'Étienne; mais j'avais, bien sûr, trouvé que c'était un bon texte. En fait, je crois qu'à l'époque je ne savais pas qu'il se mettait à travailler avec Mort.*

Il est donc un peu moins disponible que d'habitude; un peu moins omniprésent aussi; bien que signant dix des onze titres du disque. Maurice Vallet se contentant, pour sa part, de nous raconter, avec beaucoup de sensibilité une histoire d'amants séparés : *Cécile.*

> *Il n'y a pas si longtemps*
> *Le brouillard était doux*
> *Quand nous voguions ensemble.*

Julien paraît en pleine vague folk : un courant musical issu de 68, mais dont la reconnaissance officielle, pour la France, peut se dater du célèbre Musicorama d'Alan Stivell à l'Olympia, le 28 février 1972. Dorénavant, le folk se vend, et se vend bien, et surtout, il a la faveur de nombreux programmateurs de radio. Pas étonnant alors que le gros tube de ce nouvel album soit un morceau aux connotations fortement paysannes. Rien à voir, bien sûr, avec ce que l'on peut entendre dans les festivals de folk; mais la coloration musicale à base d'accordéon et de cromorne, sur un rythme de polka bien soutenu, suffit à faire illusion auprès du grand public, qui fera un succès à *Ça fait pleurer le Bon Dieu.*

Bien que Roda-Gil dise avoir trouvé cette phrase dans les mémoires de Louise Michel, c'est l'un des textes les moins intéressants que chantera jamais Julien Clerc. Mais cela aussi fait partie de sa réussite, la majorité des amateurs de folk ayant toujours été peu exigeants au niveau des paroles.

D'un tout autre calibre sont *Heureux le marin qui nage*, l'un des textes majeurs de Roda-Gil; avec cette chute au terme d'un long crescendo très brélien :

Ce monde est un vertige
Accroché sur une tige

Que dans les mers blonde et sombres
Des espaces de tous les mondes
Un Dieu vieux, sourd et débile [1]
De ses dix mains malhabiles
Jongle pour des imbéciles.

1. *Note de l'auteur :* Incantation qui n'est pas sans rappeler *Le Roi Lear* de Shakespeare.

et surtout ces invraisemblables *Poissons morts* qui seront le point de focalisation suprême où se retrouveront tous ceux qui n'ont jamais compris un traître mot à ce que chantait Julien Clerc.

Il faut dire que, cette fois, Étienne a poussé le bouchon très loin :

Poissons morts
Allez donc dire aux moissonneuses
Que la graisse des mitrailleuses
N'est pas la brillantine des dieux.

Dans le métier, cela devient un gag. « C'était la grande blague, dès que je croisais Sardou ou Carlos, ils me disaient : “ N'oublie pas que la graisse des mitrailleuses n'est pas la brillantine des dieux! ” Mais c'était pas grave; je m'en fichais. A cette époque-là j'avais ça dans la tête et il n'était pas question d'écrire autre chose. C'était l'époque florissante de notre entente avec Étienne. Quand des textes m'arrivaient, je les trouvais magnifiques et j'avais plaisir à les chanter. »

J. C. : *En fait cela n'était pas du tout dit de manière blessante; c'était plutôt une mise en boîte, faite avec une certaine drôlerie. J'ai d'ailleurs beaucoup d'estime et de respect pour Michel Sardou, pour ce qu'il fait et pour l'homme qu'il est.*

8.

L'année 1974 est une année douloureuse à plus d'un titre. Tout d'abord ,elle sera celle de la rupture définitive avec France Gall. En fait, cela ne se fera pas d'un seul coup, car les deux amants sont encore fort épris l'un de l'autre; et France reviendra après être partie, pour repartir encore. L'un et l'autre étant Balance, donc gens de fidélité et de doute, il leur est presque impossible de mettre un point final à leur histoire, et leur échec les dépasse. Mais c'est trop tard pour affronter des problèmes que l'on a trop longtemps laissés courir car, comme l'analyse si bien Bertrand de Labbey, passé un certain cap « les problèmes deviennent orphelins et finissent par en vouloir à ceux qui les ont rendus orphelins ».

Sur ce point, Julien Clerc est d'ailleurs d'une honnêteté scrupuleuse. Il reconnaît ses torts et, passé la rancœur inévitable des premiers temps, n'en veut pas à France de l'avoir quitté. Il s'en veut plutôt à lui-même de ne pas avoir assumé ses responsabilités d'homme amoureux. C'est une des choses qu'il tente d'exprimer lorsqu'il dit : « Je suis un tardif. » Cela veut dire qu'il ne voit peut-être son erreur qu'après coup; mais qu'il tente toujours de la corriger et tâche de ne jamais retomber deux fois dans le même piège. Car il n'y a chez lui aucune complaisance attendrie sur son sort et, de fait, Julien est quelqu'un que l'expérience enrichit vraiment et qui se bonifie à travers ses échecs.

Dans les mois qui suivent, son métier l'absorbe tout entier. Il y trouve, plus qu'un dérivatif, une sorte de vie parallèle et, pour la seule année 74, totalise quelque chose comme cent quarante galas, dont certains le mèneront au Japon, à la Réunion, au Canada, à Carthage, ce qui est la moindre des choses, et même au Viêt-nam, à Saigon, alors qu'il y a tout juste un an que la guerre s'y est achevée. Au milieu de ce calendrier frénétique, il prendra même le temps d'enregistrer un nouvel album : *Terre de France*, avec lequel il affrontera l'Olympia pour la quatrième fois.

Mais la vie de tournée a elle aussi ses revers et ses drames, et le séjour à la Réunion sera marqué par un accident effroyable. Machepro, qui au fil des années était devenu l'ombre du chanteur et ne le quittait pour ainsi dire jamais, trouve en effet la mort au cours d'une séance de plongée en apnée. Surmenage ? Imprudence ? Qu'importe ! C'est le trou noir, et les eaux paradisiaques de l'océan Indien ne rendent qu'un corps sans vie. Julien est effondré, au tapis pour le compte ; Machepro était, en effet, une sorte d'alter ego. Au-delà de sa fonction première de chauffeur-secrétaire, il s'était peu à peu transformé en ami ; mi-garde du corps, mi-confident, mais véritable compagnon de tous les instants, sans lequel le chanteur n'aurait même pas envisagé d'aller chez le coiffeur. Son absence laisse un vide qui ne sera jamais comblé et le retour à Paris avec, pour solde de tout compte, un attaché-case bourré d'objets aussi dérisoires qu'usuels, est au-delà de tout commentaire. C'est pourtant Julien lui-même qui, sitôt débarqué de l'avion, avec un tact infini et beaucoup de douceur, ira annoncer la nouvelle à la compagne du disparu et l'aider à supporter son désespoir. Julien qui, une nouvelle fois, ne se dérobera pas devant ses responsabilités d'ami.

En février 1974, Julien Clerc, de passage à Lyon, reçoit d'un coup cinq disques d'or, pour la vente de ses albums précédents, dont *Ce n'est rien* qui en cumule deux à lui seul.

C'est une sorte de reconnaissance globale de son œuvre qui s'étale maintenant sur presque six ans. Mais en six ans les choses ont considérablement changé dans le paysage de la chanson française, et le début des années 70 marque une étape unique dans l'histoire d'un art longtemps considéré comme mineur et qui soudain exige un droit de regard sur la société. Sans vouloir remonter trop loin, il y a quand même une évidence qui s'impose : en une petite quinzaine d'années, entre 1955 et 1970, la chanson réaliste qui, jusque-là, était le domaine exclusif de tragédiennes, comme purent l'être Fréhel, Damia, Berthe Sylva et, bien sûr, Piaf, devient une affaire d'hommes. Avec Aznavour tout d'abord, puis, de façon encore plus marquée, avec Brel, Escudero, Reggiani, Lama, etc. Ces deux derniers faisant, comme par hasard, leur apparition en 68. La chanson réaliste, c'est un peu le blues à la française : le truc qui vise aux tripes plus qu'à la tête, mais laisse toujours l'auditeur en tête à tête avec sa propre émotion, au lieu de l'attendrir sur des histoires de vacances au soleil et des flirts de collégiennes, ce qui sera l'apanage du yéyé. Lorsque Julien Clerc arrive, avec sa *Cavalerie, Ivanovitch*, sa *Petite Sorcière Malade* et les dauphins de Yann, il prend ce réalisme à rebrousse-poil. Lui ne chante pas la vie telle qu'elle est : mais plutôt comme on la rêve. Notion qu'il aura, nous l'avons vu, un certain mal à imposer – encore que son succès ait été assez rapide – mais qui finira par laisser des traces désormais ineffaçables. Une brèche est donc ouverte et l'on s'aperçoit enfin qu'un autre langage est possible en matière de chanson. Ou plutôt que d'autres langages sont possibles, car bientôt de nouveaux créateurs réussiront à se faire entendre, dans des registres résolument différents de celui de Julien; et les meilleurs d'entre eux exploreront des voies jugées jusqu'ici sans issue. Ainsi, alors que les variétés traditionnelles continuent à lobotomiser l'auditeur à coups de *Tout nu, tout bronzé* et autres *Il fait beau, il fait bon*, des gens comme Gérard Palaprat, Herbert Pagani, Yves Simon, David Mc Neil, Jacques Higelin et bien sûr Gérard Manset se révèlent et apportent dans leur écriture une exigence aussi nouvelle que précieuse. A titre de point de repère, alors que *Terre de France*, le dernier en date des disques de Julien, s'apprête à sortir, l'année 1974 a déjà accouché de *J'ai dix ans* par Alain Souchon et surtout de l'invraisemblable *Locomotive d'or* de Nougaro. A peine quelques mois plus tard, en 75, Higelin prendra le visage rock qui fera de lui une star avec *BBH 75* et Renaud entrera en lice avec *Hexagone*.

Désormais, le ton est un cran au-dessous, si bien que *Terre de France* n'apparaît plus comme l'événement extraordinaire que représentaient les précédents albums de Julien. Non que les chansons soient moins bonnes, car on y trouve des titres du calibre de *Danse s'y, C'est une Andalouse* ou *Le maître du palais*; mais la barre entretemps a été portée beaucoup plus haut.

D'un strict point de vue musical, le titre qui donne son nom à l'album est magnifique. L'arrangement de Jean-Claude Vannier prend des airs de concerto pour piano et orchestre et il y a une telle fougue, dans les pupitres de cordes et de cuivres que, bien qu'il n'y ait pas de batterie, la voix de Julien est portée en avant par une cadence formidable, qui a le bon goût de ne jamais céder à la grandiloquence. C'est très impressionnant, et il s'agit là, sous une forme qui semble assez classique, d'une expérience résolument nouvelle que Jean-

Claude Vannier reprendra à son compte lorsque quelques années plus tard il se lancera à son tour dans la chanson.

> J. C. : *Aujourd'hui encore, je revois Jean-Claude Vannier dirigeant tout ça, debout sur une chaise, non pas en studio, mais à l'église du Liban, rue d'Ulm.*

Pour une bonne partie de *Terre de France*, Julien a décidé d'enregistrer avec ses musiciens de scène, plutôt qu'avec des requins de studio, car il commence déjà à ressentir ce besoin qui avec le temps ira en s'affirmant de plus en plus : le besoin de faire une musique de groupe. Le chanteur que certains journalistes n'hésitent plus à comparer à Mick Jagger, se satisfait mal, en effet de n'être que le simple interprète de la musique qu'il compose. Il a envie d'être au cœur de l'action, d'élaborer le processus de l'arrangement en fonction des individus qui l'accompagne, c'est-à-dire en prenant chacun avec ses possibilités, sa technique et sa personnalité, mais aussi ses limites, et non plus en s'en remettant pieds et poings liés à l'inspiration d'un arrangeur, si talentueux soit-il. Et puis il y a une trop grande différence à ses yeux entre la musique, toujours très ample et richement ouvragée qui habille ses disques, et celle, beaucoup plus ramassée, qu'il restitue sur scène avec ses six musiciens, qui sont pour l'heure, outre Dorset qui le suit depuis déjà quelques années : Philippe Gall à la basse, Denis Lable et Stéphane Vilar (le fils de Jean) aux guitares, Richard Lable aux claviers, au saxophone et à la flûte, et Charles Benaroch à la batterie.

Cette volonté de resserrer les rangs autour de son groupe se retrouve très clairement dans une chanson comme *Sans toi*, par exemple, où pour la première fois dans la discographie du chanteur le pont musical est un solo, en l'occurrence de sax, et non plus une construction orchestrée autour de plusieurs instruments.

Les deux titres forts de cet album seront *C'est une Andalouse* et surtout *Danse s'y* que Julien chante avec une passion folle sur un arrangement de Jean-Claude Petit dans lequel un bandonéon solitaire dialogue avec un étourdissant tourbillon de cordes. Les violonistes donnant l'impression de jouer comme si leurs vies en dépendaient, et Julien chantant avec une conviction rarement atteinte, même par lui, *Danse s'y* reste un modèle de ce que peut être la musique de variétés, lorsqu'elle touche à la perfection.

Le disque se referme sur une chanson au ton très dur, encore accentué par le climat mis en place par Jean-Claude Vannicr. D'un dandysme désespéré, *Le Maître du Palais* oppose à un univers en plein effondrement des élégances morales auxquelles s'accroche un héros qui les sait pourtant révolues :

Si bien que du présent et de ses apparences,
J'avais le dégoût froid, subtil et alangui
(...)
la mer se transformait en vieille fosse d'aisances
Où la jeune industrie venait se soulager
(...)
Comment voulez-vous que je vous aime autrement
Gainée de soie marine, enfouie de goélands?

Cette évocation directe de la pollution n'est que l'une des multiples allusions politiques dont Roda-Gil parsème les dialogues de Julien. Parfois dans des chansons d'apparence tout à fait anodine, comme *Le secret de l'amour* :

Si les hommes sont toujours là,
C'est qu'ils survivent aux palais de leurs rois...

d'autres fois dans des textes aux intentions plus évidentes, tel *Le Marteau* que Julien alla jusqu'à chanter en ouverture de son tour de chant à l'Olympia, en 1973 :

Comme un vieux fleuve détourné
Ce qu'il forgeait lui échappait,
Ce qui jaillissait de ses bras
Faisait la fortune de ses rois.

ou *Le directeur du Grand Hôtel*, sur *Terre de France*.

En avril 74, Bertrand de Labbey qui, depuis son départ des éditions du Rideau Rouge partageait les bureaux d'un autre éditeur : Frédéric Leibovitz, décide de monter sa propre agence de spectacle. Les deux hommes se séparent donc et tandis que Leibovitz créera Cézame, une petite maison de disques spécialisée dans le folk et dont le catalogue regroupera bientôt tout le gratin du genre, de Labbey fonde Artmedia Variétés avec Gérard Lebovici. Ce dernier avait créé, quelques années auparavant, une agence destinée à gérer la carrière d'un certain nombre d'acteurs et d'actrices de cinéma, qui allait rapidement devenir la plus importante du genre, en France : Artmedia. Bertrand de Labbey se charge donc de lancer et de gérer une filiale plus spécialement adaptée au monde de la chanson, qu'il connaît on ne peut mieux. Dans la corbeille de mariage, Lebovici est prévenu, de Labbey n'apporte ni Julien, qui a pourtant déjà rejoint Sidonie, ni Maxime Le Forestier dont il gère aussi les Éditions de Misère, depuis un certain temps. Chacun d'entre eux est en effet sous contrat avec un Marouani. Julien avec Charley et Maxime avec Eddy. « Quand j'ai des insomnies, je compte les Marouani... », disait Brel dans une boutade restée célèbre.

Le statut d'agent artistique étant, de par la loi, incompatible avec celui d'éditeur, Bertrand de Labbey renonce à Sidonie, qu'il cède à sa famille. Ce qui fait que, légalement, en cette fin de l'année 74, il n'a plus aucune position officielle dans l'entourage de Julien Clerc, n'étant plus son éditeur et n'étant pas non plus son imprésario. Il n'en reste pas moins le « premier ministre » en titre et assume plus que jamais son rôle d'éminence grise et de directeur de carrière. Car Julien va mal. Très, très mal. Bouleversé de chagrin, depuis sa rupture avec France, et encore sous le coup de la mort de Machepro, il aborde l'Olympia avec un moral de perdant. Lui qui d'habitude entend diriger la barque jusque dans les moindres détails se contente cette fois d'arriver pour chanter et, pour le reste, s'en remet complètement à son entourage.

Cet Olympia où, pour la première fois, il est seul à l'affiche, assurant l'intégralité du spectacle, sans pouvoir se reposer sur une vedette américaine, ne sera pas fameux. Car Julien est un homme de scène, et toute sa réussite est construite là-dessus, or le ressort semble brisé. Son récital a du mal à décoller et son manque de mobilisation est quasiment palpable. Soir après soir, il semble ne pas être concerné par les événements. En fait, il se laisse aller, suivant le vieux principe selon lequel il faut d'abord atteindre le fond, avant de donner le coup de pied salvateur qui permet de remonter à la surface. En attendant, de Labbey maintient le cap. Mais, au bout d'un certain temps, le chagrin de Julien finit par se banaliser, aux yeux mêmes de ses amis les plus proches, qui commencent à penser qu'il se complaît dans son martyre. Du coup, le chanteur se sent encore plus seul, plus abandonné et, pour éviter que les choses n'empirent encore, Bertrand de Labbey décide d'intervenir. « C'est un magnifique sonneur de signal d'alarme, explique Maxime

Le Forestier, et il le fait toujours au dernier moment, quand on est bien obligé de le croire. » Un soir, donc, prenant le chanteur à part, il lui met la vérité sous les yeux, sans prendre des gants, et lui demande de se ressaisir absolument dans les plus brefs délais. « Vous mettez votre carrière en danger... » Et Julien, qui est un vrai professionnel, comprend le message, exactement comme il avait, autrefois, compris les critiques de Bécaud. Il relève la tête et, pour exorciser ses démons, demande à Étienne, pour la première fois depuis qu'ils se connaissent, de lui écrire une chanson sur un thème précis : une rupture presque mortelle.

Maintenant comme avant
Doucement, sans pâlir,
Sans mentir, sans souffrir
Aujourd'hui, je te dis :
Souffrir par toi n'est pas souffrir
C'est comme mourir ou bien faire rire
C'est s'éloigner du monde des vivants
Dans la forêt, voir l'arbre mort seulement...

9.

Une fois atteint le point ultime du chagrin, au-delà duquel il n'y a plus que le néant, on ne peut que repartir vers la vie. Or, comme toujours au lendemain d'un passage dans une grande salle parisienne, une tournée en province est prévue, qui doit bénéficier des retombées médiatiques de celui-ci. Il faut donc reprendre la route et tâcher de réorganiser le rythme de ses gestes et de ses jours.

Une trentaine de dates s'enchaînent alors sans temps mort, ne laissant guère à Julien le temps de s'attarder sur ses souvenirs immédiats. Puis, c'est le Japon, pour une série de huit concerts qui le mèneront en mars 75 de Tokyo à Sapporo et à Osaka. Dès son retour, il s'enferme en studio avec son groupe, pour préparer un nouvel album.

Si, sur scène, le chanteur a retrouvé son tonus et son instinct de battant, l'atmosphère générale reste quand même au noir et Julien n'arrive toujours pas à se dépêtrer des lambeaux de son amour perdu. Maurice Vallet et Roda-Gil vont donc broder sur ce thème, jusqu'à ce que tout soit dit, une fois pour toutes, et qu'on n'en parle plus. Pas une des dix chansons qui, d'une manière ou d'une autre, n'évoque le départ de France ou ne ramène le chanteur à un échec. Pas une qui n'explore les méandres de son chagrin. Depuis *Les Cafards* :

On peut dire que j'embrasse le vide
Et les soirs de désespoir
Avec des passions de hasard
J'entretiens ma mémoire...

jusqu'à *Bien longtemps après :*

Le vent a balayé
Bien des choses cette année
(...)
Le temps a travaillé
Besogneux et hargneux
Au ras de l'habitude
Il a tout effacé
Pour qu'il ne reste rien

Mais bien longtemps après
Et ça je le sais bien
Je peux encore pleurer...

en passant par *Une journée pour rien* :

Je m'suis dit tout fout l'camp
Il gèle en plein juillet
Il gèle dedans ma vie
Et tout fout l'camp
Il grêle dans les étoiles
Il grêle sur notre histoire,

les choses sont on ne peut plus claires; même si deux ou trois chansons procèdent de manière plus allusive :

Tu es partie mais ton rêve reste au chaud (This Melody)
Moi le cœur noué dans ma chemise
Je donne toujours ce que je peux (Elle voulait qu'on l'appelle Venise)
ou le splendide refrain de

Je voyage, je voyage :
Et dans mon cœur et dans mes reins
L'idée de toi fait son chemin.

En tant que vieux copain, à qui l'amitié donne le droit de tout dire, Momo – qui chose significative signe pour la première et dernière fois la moitié des titres du 33 tours – exprime même le ras-l'bol général des proches du chanteur :

Ne passe pas ton temps
A regarder tes mains
Crispées tendues ou vides
Ou pleines de chagrin

Ne passe pas ta vie
En jours sans lendemain
Secoue un peu ton cœur.

Si bien que, paradoxalement, cet album baptisé *N° 7* sera, au bout du compte, sous sa couverture triste et charbonneuse comme un faire-part, le disque de la délivrance.

A tant parler de sa détresse, Julien l'aura fouillée dans ses moindres nuances, se sera nourri de sa substance et l'aura peu à peu sublimée. Tant au sens alchimique que psychanalytique du terme. Au point que, lorsque *N° 7* sortira chez les disquaires, en octobre, le chanteur sera déjà en train de vivre une nouvelle passion amoureuse.

En mars, le « prince pirate adolescent » qu'évoquait Étienne Roda-Gil, quelques années auparavant, prend vie dans *Pif Gadget,* sous le crayon et les pinceaux du dessinateur Alexis : « Corsaire Julien », c'est son nom, ferraille comme un beau diable, rosse les malandrins à coups de tabouret de taverne, croise des vaisseaux fantômes et vogue sur sa *Belle Créole* à la recherche – ça ne s'invente pas – de l'Ile de Pas d'Imbéciles.

Le mois suivant, *Salut les Copains* l'oppose à Michel Sardou, en un duel impitoyable où les deux chanteurs doivent répondre en parallèle à un certain nombre de questions essentielles concernant la date de naissance de Claude François, la couleur des yeux de Gérard Palaprat ou celle des chaussettes de l'adversaire. Quand on a, l'un et l'autre, déjà enregistré *Je suis pour, Le France, Le temps des colonies* ou *Le marteau, Le maître du palais* et *Adelita,* il n'y a, c'est évident, pas de problèmes plus importants à débattre. Mais l'on peut quand même se demander, avec Sacha Reins, si Julien ne pousse pas un peu loin l'ambiguïté qui existe entre l'exigence du répertoire qu'il chante et l'image superficielle qu'exige de lui son public de minettes ? Cette inéquation n'est d'ailleurs pas forcément la meilleure des choses, commercialement parlant, car, c'est un fait connu, un public qui a du mal à situer un artiste avec exactitude n'achète pas aussi volontiers que lorsque les choses sont clairement établies. Ainsi, le simple : *Ballade pour un fou (Loco, loco)* que Julien sort sur ces entrefaites, en attendant la parution de *N° 7,* sera un formidable succès radiophonique, mais les ventes plafonnent à quatre-vingt mille exemplaires. Cela incite, bien sûr, Bertrand de Labbey à une certaine réflexion. En effet, durant toutes ces années, aucun des disques de Julien n'a fait le score que l'on serait en droit d'attendre de lui; et tous, mis à part *Ce n'est rien,* stagnent un peu au-dessus des cent mille [1]. C'est déjà énorme, bien entendu, et une majorité d'artistes se contenteraient de « stagner » à ce niveau ; mais cela n'a aucune mesure avec le potentiel réel du chanteur dont chaque nouvelle production fait figure d'événement sur les ondes.

Analysant les chiffres, en économiste qu'il est de formation, de Labbey en arrive à deux évidences : d'une part des gens bien moins renommés que Julien vendent plus que lui, et, d'autre part, tout le monde dans le métier croit que ses chiffres sont au moins le double ou le triple de ce qu'ils sont en réalité. Personne n'imagine qu'une chanson qui, comme *La Cavalerie,* a été classée dans tous les hit-parades, n'ait pas pu faire plus de vingt mille exemplaires, à l'époque. Étant entendu que, pour étudier le succès commercial d'une chanson, on ne peut décemment prendre en compte les différentes compilations et autres enregistrements publics, seule compte l'édition originale ; car il est évident qu'avec les ventes rétroactives, *La Cavalerie* a depuis bien longtemps bouclé son disque d'or.

Or, depuis toujours, Bertrand de Labbey refuse de se contenter de l'esthétisme pur et de se complaire dans cette chose sécurisante qu'est le fait d'être aimé par tout le monde. Le succès radiophonique soit, cela fait d'énormes droits d'édition, mais les albums sont faits pour être vendus, et si possible en très grosses quantités ; car un artiste ne peut guère espérer durer s'il n'a pas de véritable assise économique.

Et puis les concerts commencent à être un peu moins

1. *Note de l'auteur* : *Ce n'est rien, Si on chantait* et *Julien* ont tous les trois dépassé les deux cent mille exemplaires. Puis les ventes sont retombées aux alentours de cent vingt mille à partir de *Terre de France*.

fréquentés : Julien semble reculer. Il va lui falloir réagir vite et fort, sous peine de se laisser peu à peu glisser vers une carrière en sommeil, qui continuera peut-être à faire vivre un petit groupe de gens, mais ne progressera jamais plus.

Au cours de cette année 1975, il quitte Charley Marouani et rejoint Artmédia Variétés. C'est donc Bertrand de Labbey qui dorénavant organisera ses spectacles et, rapidement, ce dernier fait un nouveau constat désagréable : malgré les contrats les mieux étudiés qui soient, le chanteur n'a jamais tout ce qu'il demande techniquement.

En effet, les organisateurs de tournées, qui l'engagent sur le prestige de son nom et s'attendent à un très gros public, font toujours un peu moins de recettes que prévu. Il y a là un décalage évident entre l'image de Julien et la réalité. Pourtant, par souci d'économie et de rentabilité, ces mêmes organisateurs rognent un peu sur tout ce qui leur a été demandé et le chanteur n'a jamais tout ce qu'il faut pour obtenir la qualité maximale qu'il souhaiterait lors de ses galas.

Comme toujours, les conclusions de Bertrand de Labbey sont simples. Elles tiennent en quelques formules lapidaires : « Julien s'est asséché, ses auteurs ne se renouvellent pas et il a un évident problème de communication avec son public. » Pour remédier à cet état de choses, il demande à Julien de lui laisser la liberté de chercher un nouvel auteur « quelqu'un qui va dire “ *Je* ” et vous rapprochera du public ». En fait, le choix du « premier ministre » est déjà arrêté : ce sera Jean-Loup Dabadie.

Entre-temps, Julien est engagé par le metteur en scène Jean-Pierre Blanc pour jouer dans son film *D'amour et d'eau fraîche* dans lequel il tient le rôle de Jip, un jeune professeur de piano partagé entre deux femmes : Annie

Girardot et Miou-Miou [1]. L'amour refuge d'un côté et de l'autre l'incertitude de l'aventure avec tout ce que cela peut avoir de fascinant.

Le film est un bide même pas retentissant. A vrai dire, c'est un navet sans intérêt et Julien Clerc en gardera longtemps une énorme méfiance vis-à-vis du cinéma. Méfiance qui ne s'est pas encore estompée à ce jour, bien qu'il ait été pressenti, en 1984, pour jouer dans le film de Claude Lelouch : *Un homme et une femme n° 2*, et qu'il ait déclaré à l'époque : « Si j'ai accepté de tourner avec Lelouch, c'est parce qu'avec lui, on est sûr de ne pas souffrir. »

Le personnage qu'il incarne dans le film de Blanc est une espèce de lunatique transparent, affublé de grosses lunettes rondes qui accentuent encore son côté Pierrot lunaire. D'un point de vue professionnel, l'expérience n'a aucun intérêt et, visiblement, Julien n'est pas à son aise dans ce personnage d'emprunt. Par contre, le tournage est l'occasion de faire la connaissance de Miou-Miou. Celle-ci venant de l'équipe du Café de la Gare de Romain Bouteille s'appelait en fait Yvette Héry et avait obtenu le titre de meilleure ouvrière de France de tapisserie avant que Coluche, devant son air d'oiseau mouillé, ne lui donne le surnom dont elle fera un pseudonyme. Lorsqu'elle rencontre Julien, Miou-Miou est la compagne de Patrick Dewaere, dont elle a une petite fille d'environ un an et demi, Angèle.

Entre l'actrice et le chanteur, le coup de foudre est immédiat, et tout est dit avant la fin du tournage. A tel point que Dewaere viendra, un soir, attendre Julien à la

---

1. *Note de l'auteur* : Rappel : Jean-Pierre Blanc est l'auteur de *La vieille fille*, avec Annie Girardot et Philippe Noiret, quant à Miou-Miou, elle a été révélée au grand public l'année précédente par le film de Bertrand Blier : *Les valseuses*.

sortie des studios et lui flanquera une droite bien sentie en pleine figure. Ce qui, d'autres exemples l'ont montré, était l'une de ses façons favorites de régler ses problèmes relationnels, mais n'a jamais changé grand-chose à la réalité des faits. Très vite, Patrick Dewaere refusera de continuer à voir sa fille et Julien élèvera Angèle comme s'il était son propre père. A tel point que, lorsque Miou-Miou sera enceinte, quelques années plus tard, et que le futur papa recevra les félicitations de ses amis, d'autant plus d'usage quand il s'agit d'un premier-né, sa réponse les surprendra tous : « Mais j'ai déjà un enfant! » Avec beaucoup de guitare jouée en picking, un peu d'harmonica et de la guitare slide, *N° 7* a souvent une coloration folk-rock, qui est tout à fait dans l'air du temps, en cette année 75. C'est un album que Julien a voulu réaliser intégralement avec son groupe de scène et la plupart des arrangements sont le fait de Denis Lable. Les autres, généralement un peu plus orchestrés, étant dus à Michel Bernholc.

Alors que la guitare folk fait florès, Maxime Le Forestier est en train de devenir l'un des porte-parole d'une génération. Celle qui, de *Charlie Hebdo* à François Béranger, vivra pêle-mêle le retour à la terre, le refus nucléaire, l'amour libre, l'antimilitarisme à outrance et l'écologie. Toute une époque qui peut se résumer en trois noms : Lip, Malville et le Larzac.

Maxime a, depuis quelques mois, fait comme Julien. Il a quitté son Marouani, pour rejoindre l'écurie de Bertrand de Labbey. Du coup, les deux chanteurs ont un peu plus souvent l'occasion de se rencontrer et quand, le 15 novembre 1975, les Carpentier consacrent un de leurs *Numéro Un* à Julien Clerc, c'est tout naturellement que celui-ci invite Maxime à participer à l'émission. Celle-ci se déroule, bien entendu, en direct, et le rouge doit s'allumer dans le studio à 20 h 30 précises.

20 h 15. Le téléphone sonne sur le plateau et on réclame Maxime de toute urgence. Avec suffisamment d'insistance pour que, malgré l'imminence du générique de départ, on lui passe la communication.

– T'as vu le disque que viennent de sortir les Québécois ?

– *Le loup, le renard et le lion* ? Oui, j'ai vu, c'est superbe !

– Tu te rends compte, ils l'ont fait avant nous. On est vraiment des cons ! Tiens, viens tout de suite ! Je suis au Palais des Congrès avec mon grand orchestre. Cent trente-cinq musiciens ; tu verras, c'est bat !

– Mais je ne peux pas ! Je suis à la télé...

– Avec qui ?

– Avec Julien Clerc.

– Eh bien, viens avec Julien Clerc, dès que vous avez fini !

Et une heure plus tard, les voilà qui partent ensemble, direction la Porte Maillot. Car personne ne peut dire non à Ferré.

« Alors on s'est fait engueuler par le vieux, raconte Maxime, avec un grand sourire. Mais une colère de Ferré, c'est toujours positif. C'est vrai qu'il avait raison. On faisait des trucs ensemble, avec Julien, on montait à cheval ensemble, on bouffait ensemble, mais on n'écrivait pas ensemble... »

> J. C. *Ferré avait gambergé un spectacle où il y aurait Maxime, lui, Nougaro, Mouloudji, moi, etc. et qu'on chanterait tous pendant qu'il dirigerait un grand orchestre derrière nous.*
> *Et, bien sûr, Maxime, tout de suite : « Oui, oui, super, d'accord ! »*
> *Alors Ferré se tourne vers moi : « Et toi ?*
> *– Moi, heu... oui... faudrait que je réfléchisse... »*
> *Et Ferré, avec une grimace : « Réfléchis vite ! »*

Quand quelques heures plus tard, Le Forestier rentre chez lui, il repense à la colère de Ferré qui enrageait à l'idée que le disque commun ait été fait au Québec, et d'un seul jet, il écrit *A mon âge et à l'heure qu'il est*. Le lendemain matin, il téléphone à Julien et, dans l'après-midi, ce dernier compose la musique.

Cette fois, sans que de Labbey y soit pour quoi que ce soit, simplement à cause d'un coup de gueule de Ferré, un nouvel auteur vient d'entrer dans l'univers de Julien Clerc.

10.

Jean-Loup Dabadie est un homme étonnamment émouvant. Surtout lorsqu'il parle de ceux qu'il aime et qui le bouleversent, en choisissant ses mots avec un soin de maître mosaïste, mais sans aucune affectation, et avec une chaleur naturelle et de soudaines ébauches d'élans qui n'ont rien de feintes ou de calculées. Cultivant la courtoisie, comme d'autres le paradoxe, il affirme que le sourire est la première des amabilités; et si, pour reprendre une formule stendhalienne, son visage n'annonce ni ses inquiétudes, ni les tourments qu'il éprouve, ni l'étendue de l'incertitude qu'il porte en lui, il ne faudrait pas pour autant en conclure hâtivement à sa futilité. Mais plutôt qu'il est une espèce d'aristocrate du cœur, qui a trop d'élégance pour accaparer l'espace et le silence, avec ses doutes ou sa mélancolie. Car, chose surprenante pour un auteur, Jean-Loup Dabadie attache autant d'importance aux intervalles entre les mots qu'aux mots eux-mêmes. Ainsi, lorsqu'il parle d'un acteur ou d'une actrice, ou de Julien en particulier, dit-il souvent « J'aime ses silences... »

Sa première approche de la chanson, il la doit à Serge Reggiani qui, après avoir lu sa pièce : *La famille écarlate*, créée par Pierre Brasseur au Théâtre de Paris, lui téléphone un jour pour lui demander quelques textes. Reggiani qui, à l'époque, a déjà enregistré un 33 tours consacré à Boris Vian, doit en effet passer en première partie de Barbara à Bobino et cherche à élargir son répertoire. La réaction initiale du jeune auteur dramatique est de décliner la proposition qui lui est faite : « Vous savez, je n'ai jamais fait de chansons, et je ne sais pas en faire... » Mais Reggiani insiste et le persuade : « C'est justement parce que vous êtes neuf que vous m'intéressez. » Alors, Jean-Loup Dabadie accepte la gageure et, comme il a déjà un peu l'expérience du cinéma, il écrit un premier texte qui ressemble plus à un court scénario qu'à une chanson de forme traditionnelle. Ce sera *Le Petit Garçon* qui, pour un coup d'essai, fera l'un des plus gros succès de cette période 67-68 et dont Reggiani dira plus tard : « Ce que j'aime, c'est qu'on a l'impression que Jean-Loup écrit les choses en prose. Ça n'est qu'après que l'on s'aperçoit qu'il y a des rimes. » Bizarrement, et comme quoi il est vrai que les extrêmes se rejoignent parfois, c'est en écoutant chanter le héros de *Casque d'or* que Michel Polnareff aura l'idée de faire appel à Dabadie, lorsqu'il éprouvera le besoin de renouveler un peu son style.

Lorsque Bertrand de Labbey le contacte pour lui proposer de s'intégrer à l'équipe de Julien, Jean-Loup Dabadie, qui ne connaît le chanteur que pour l'avoir croisé quelques fois chez des amis au cours de soirées, et pour l'avoir vu en spectacle, commence, comme il le fait toujours lorsqu'il s'agit pour lui d'écrire pour une nouvelle comédienne, un nouvel acteur ou un nouveau chanteur, par faire le bilan de ses émotions de spectateur. « Quelle sorte de personne est-il pour moi ? Non seulement le bruit qu'il fait dans ma vie, mais ses silences, les couleurs que je prête à son âme, ses attitudes... Qu'est-ce que cela m'apporte ? Qu'est-ce que cela m'enlève ? Car je pense que les grands artistes vous confisquent quelque chose qu'ils emportent avec eux. Comme les femmes qu'on n'a pas, ou qu'on n'aura jamais, alors qu'on en rêve. Vous vous dites : je n'aurai jamais d'histoire d'amour avec elle et elle a gardé ça de moi, sans le savoir ou en le sachant... Les grands artistes, masculins ou féminins, sont pareils, et Julien avait depuis longtemps beaucoup de choses de moi... » Ce lent filtrage des sensations et des impressions – au sens photographique du terme, c'est-à-dire de trace laissée dans une matière sensible – est, dans le cas de Jean-Loup Dabadie, un travail essentiel. Car il ne fait pas partie de ces auteurs qui, ayant une idée, la mettent sur le papier et la développent, ne se demandant qu'après coup qui pourrait bien en être l'interprète ? « Je pense, dit-il en effet, que les acteurs et donc les chanteurs et les chanteuses sont les souffleurs des auteurs. Si je n'ai pas mon violon rêvé, je garde ma musique pour moi, car une chanson qui est pour quelqu'un ne va à personne d'autre... »

Spectateur de Julien Clerc et collectionneur, de longue date, de ses disques, il plonge donc dans ce qu'il appelle une « absence réfléchie ». Refusant, dans un premier temps, d'avoir trop d'intimité avec son interprète, afin de ne pas fausser, par une trop grande familiarité, l'image qu'il s'est faite de son personnage, et conserver intacte « cette veine d'émotion » qui s'est nouée entre ce dernier et le regard de son auteur. Dans sa retraite, Jean-Loup Dabadie emporte néanmoins quelques musiques que lui a données Julien. Au bout d'un certain temps, celui-ci le rejoint et commence, alors, le travail en commun. Cette phase finale, si elle est délicate, est en fait la plus rapide et bientôt les deux hommes cosignent leur première chanson : *Le cœur trop grand pour moi.* Elle est splendide!

Je ne suis pas homme à femmes
Dans ma vie la solitude
Si souvent, si souvent
A pris ses habitudes...

Je serais plutôt de ceux
Qui parlent en baissant les yeux
Et qui disent encore Madame aux dames.

La volonté de faire une véritable musique de groupe, que Julien manifestait depuis quelques années et au moins deux albums, prend enfin une direction plus franche. En effet, il renouvelle intégralement son équipe de musiciens et engage, entre autres, les rescapés d'un groupe de rock qui avait fait parler de lui au début des années 70 : Le Système Crapoutchick [1]. Formé à l'instigation du guitariste Gérard Kawczynski, dit Crapou, et de son copain d'école, d'enfance, de cantine et de tout : le bassiste Christian Padovan, le « Système » regroupe, au départ, c'est-à-dire vers 66-67, les accompagnateurs de Jacques Dutronc. Outre Kawczynski et Padovan, on y trouve le batteur Michel Peley et, aux claviers, Alain Legovic qui fera, un peu plus tard, carrière dans la chanson sous le pseudonyme d'Alain Chamfort. Après Dutronc, ils tourneront un temps avec Charden, et Peley laissera bientôt sa place à André Sitbon. Rencontrant sur ces entrefaits le parolier-chanteur (et même un peu producteur) Claude Puterflam, ils l'intègrent au groupe, en même temps qu'un guitariste soliste absolument génial : Jean-Pierre Alarcen. C'est donc avec la formule

1. *Note de l'auteur* : Discographie (introuvable, bien sûr) : *Flop* (Flamophone 33.03, distribution Vogue) et *La Vie d'Artiste* (Flamophone 2.393.103, distribution Polydor).

Crapou, Padovan, Legovic, Sitbon, Puterflam et Alarcen qu'ils enregistrent leurs premiers 45 tours.

Vraiment bien jouée, par des musiciens qui allaient tous, dans les années suivantes, faire partie de la crème des studios français, la musique du Système Crapoutchick était solide et sans états d'âme. Il faut dire que, question état d'âme, Kawczynski et Padovan avaient été à bonne école. Celle de ces enfants d'immigrés, venus de toutes sortes d'horizons, que l'on avait regroupés, à la fin de la guerre, dans une cité de transit qui n'était autre que l'ancien camp de concentration de Drancy. Les Kawczynski arrivaient de Pologne, les Padovan d'Italie; quant à la quincaillerie du coin, elle était tenue par les Jonasz, venus de Hongrie.

Lorsque Julien Clerc les engage, en 1976, pour jouer avec lui, il y a plusieurs années que le groupe s'est dispersé et seul un petit noyau continue à jouer ensemble, se louant en bloc pour les séances de studio : Crapou, Padovan et Sitbon. Le chanteur ne fait pas le détail : il les prend tous les trois et, pour faire bonne mesure, leur ajoute Gérard Bikialo aux claviers et Jacky Tricoire à la seconde guitare.

Finalement, l'album qui sortira en novembre comptera trois chansons d'Étienne Roda-Gil : *Black out*, *Aujourd'hui rien n'est normal* et *Les jours de joie*, une seule de Momo : *Romina,* trois de Maxime : *A mon âge et à l'heure qu'il est*, *J'aime ton corps* et *Amis,* et trois également de Jean-Loup Dabadie : *A la fin je pleure*, *Je suis mal* et *Le cœur trop grand pour moi.* Les arrangements étant élaborés pour moitié par Kawczynski et Padovan, et pour moitié par Michel Bernholc, il s'articule autour de deux climats bien distincts, reposant tantôt sur le piano de ce dernier et tantôt sur la guitare acoustique de Crapou. Car la double conjoncture de la mode folk et de son amitié avec Maxime Le Forestier est très sensible dans la musique de Julien Clerc, à cette époque, et plusieurs albums consécutifs feront ainsi la part belle à la guitare sèche et au picking.

Cette amitié entre les deux chanteurs s'affichera haut et fort à travers la chanson *Amis,* qu'ils incluent l'un et l'autre dans leur disque de l'année, et qu'ils chanteront souvent ensemble sur scène, quand le hasard des calendriers leur permettra de se retrouver dans la même ville. *Amis* a d'ailleurs été écrite à la Métairie, au cours de l'été 76, alors que Maxime avait loué la maison que les Gall possédaient à quelques kilomètres de là. Ces derniers ayant décidé de déménager, il ne restait strictement rien dans les pièces vides qu'un lit unique, et le séjour de Maxime ne fut, en fait, qu'une sorte de camping à la spartiate dans une demeure abandonnée. Ayant aménagé le garage en écurie, pour son cheval, il se rendait tous les jours au trot soutenu jusque chez Julien où, bien que ce dernier fût en tournée, il savait pouvoir disposer du piano. C'est également à la Métairie que Maxime Le Forestier rencontrera Kawczynski et Padovan, qu'il intègre rapidement à son propre spectacle, créant ainsi un lien de plus entre Julien et lui.

This Melody connaissant un succès phénoménal aux Pays-Bas, où elle restera une vingtaine de semaines en tête des hit-parades, une tournée hollandaise s'organise quand, au cours des dernières répétitions préparatoires, Jacky Tricoire lâche le groupe, sans prévenir ni donner d'explications. Celles-ci viendront un peu plus tard lorsque, sous le nom de Nicolas de Angelis, il se mettra à jouer des ballades parfumées à l'eau de Cologne, pour jeunes filles bien sages, devenant ainsi, sous la férule d'un producteur commun, le Clayderman de la guitare.

En attendant, il faut lui trouver un remplaçant et tous les requins de la place de Paris sont déjà pris. La tournée semble donc compromise, quand Le Forestier propose d'auditionner Geneviève Paris, une jeune guitariste avec laquelle il vient de donner plusieurs galas en URSS, et qui s'est sortie sans problème d'une situation tout aussi délicate. Maxime s'étant, en effet, gravement blessé à un doigt, il lui était impossible de s'accompagner lui-même, et Geneviève Paris avait dû assimiler tout son répertoire, pourtant pas facile à jouer à la guitare, en un temps record.

Malgré les ricanements et les protestations d'usage, dans un milieu musicien foncièrement phallocrate, Julien accorde sa chance à la jeune femme et, à la fin de l'audition, personne ne songe plus à sourire. Geneviève a conquis de haute lutte sa place au sein du groupe, et la tournée hollandaise sera un triomphe. Ce qui, au départ, ne devait être qu'un intérim se prolonge et la guitariste demeure donc comme membre à part entière de l'équipe qui, à peine rentrée des Pays-Bas, s'envole pour une série de six représentations au Canada.

> J. C. : *Depuis, Geneviève s'est fait naturaliser canadienne. Elle vit là-bas et travaille dans les clubs, de manière assez régulière.*

A cette occasion, ils lieront connaissance avec le groupe québécois « Beau Dommage », dont le premier album, sorti l'année précédente, a été un événement considérable, avec plusieurs tubes énormes à la clef, dont la fameuse *Complainte du phoque en Alaska* et *Harmonie du soir à Chateauguay*. Se prenant d'amitié pour les cinq Canadiens, Julien les invite à participer au spectacle qu'il prépare au Palais des Sports de la Porte de Versailles, pour janvier 77, et qui doit marquer sa grande rentrée.

11.

L'un des points forts de l'amitié entre Julien et Maxime Le Forestier est leur passion commune pour les chevaux. Si celle de Maxime remonte à fort longtemps, celle de Julien, quasi récente, n'en est pas moins forte. Miou-Miou vient en effet de lui offrir, pour son anniversaire, un cheval qu'ils sont allés choisir ensemble chez un éleveur proche de la Métairie. Ni elle ni lui n'ayant la moindre connaissance en la matière, leur choix se porte sur celui auquel ils trouvent la meilleure tête : celui qui leur semble le plus sympathique a priori : Vagabond.

Avant de conclure le marché, le propriétaire emmène Julien faire une courte promenade, au cours de laquelle il lui montre les trois allures : pas, trot, galop; et toute l'expérience du chanteur en matière d'équitation se résume à cette seule et unique balade, lorsque Vagabond lui est livré quelques heures plus tard. Aussitôt Julien lui pose une selle sur le dos et part pour sa première chevauchée en solitaire. « Dans les vingt minutes qui ont suivi, je me suis retrouvé par terre et je suis rentré en me massant le bas du dos, exactement comme dans les bandes dessinées ou au cinéma; tandis que Vagabond m'attendait à la porte de son box, qu'il avait déjà repéré. Ce qui dénotait un cheval de métier, connaissant véritablement mieux son affaire que son nouveau propriétaire. »

La chose se reproduit quelques fois dans les deux mois suivants et, chaque fois que le cheval embarque son cavalier au galop rapide, celui-ci essaye de trouver un buisson assez touffu pour pouvoir se laisser choir sans trop de casse. Peu à peu, l'assurance vient et, Vagabond ayant compris que Julien, si novice qu'il soit, ne se laisserait pas faire, un statu quo s'établit entre eux. Une certaine confiance s'installe et l'homme et le cheval font équipe pour parcourir en tous sens les terres qui entourent la Métairie.

En fait, bien qu'étant tous deux des amoureux du cheval, Le Forestier et Julien en ont deux conceptions assez différentes. Ce qui attire Maxime est une équitation qui s'apparente plus au dressage, c'est-à-dire à un travail sur le plat, dans l'esprit du maître portugais Oliveira; tandis que Julien commençant par une pratique tout terrain, à travers champs et bosquets, et devant de ce fait franchir des clôtures et des obstacles, sera très vite attiré par le « cheval de sport » et tout ce qui gravite autour du jumping.

> J. C. : *Cela dit, pour faire un parcours d'obstacles, on est d'abord obligé de faire travailler le cheval sur le plat; il y a donc une part de dressage très importante, dans le jumping. Mais c'est vrai que Maxime a toujours été plus intéressé par l'école portugaise que par le cheval de sport.*

Après avoir longtemps monté d'instinct, Julien qui est d'un tempérament perfectionniste et qui va toujours au bout de ses passions, décide de prendre des cours. Or, à l'occasion d'une tournée dans le Bordelais, profitant d'un jour de relâche, une amie commune le présente à Philippe Couperie, qui fait alors partie de l'Équipe de France Junior de sauts d'obstacles. La famille de ce dernier est installée à Saint-Vincent-de-Paul, sur les bords de la

Dordogne, à une dizaine de kilomètres environ de l'endroit où celle-ci mêle ses eaux à celles de la Garonne. Une région de graves et de vin blanc, que l'on appelle communément « L'Entre-Deux-Mers ». Sans qu'il le sache encore, cette rencontre, qui ne prendra bien sûr toute son ampleur qu'avec le recul, est un des éléments décisifs de la vie de Julien.

Sa journée étant libre, le chanteur se rend à Saint-Vincent-de-Paul pour monter un peu et il y a fait la connaissance de M. Emeric Couperie, le père de Philippe. Descendant d'une lignée de cavaliers – son propre père ayant trouvé la mort, aux tout premiers jours de la guerre de 14, en selle, comme il se doit –, M. Couperie est un véritable homme de cheval, et il fascine Julien. « Il travaillait les chevaux en artiste... C'est vrai que l'être humain passe beaucoup de ses colères et de ses frustrations sur le cheval; or celui-ci, malgré un tout petit cerveau, a un don de médium exceptionnel et une mémoire telle qu'il n'oublie jamais rien. Émeric Couperie avait l'habitude de dire : “ Les chevaux ne peuvent pas crier. ” Mais lui, il travaillait beaucoup à la voix, c'est-à-dire en liberté, avec seulement sa canne à la main ou une chambrière. Et le cheval s'arrêtait, repartait, changeait d'allure et même voltait; rien qu'à la voix. »

Tout de suite, Julien se sent à l'aise, chez les Couperie. L'endroit lui plaît (« C'est un lieu qui a une âme ») et il y retrouve cette ambiance familiale gaie et unie qu'il apprécie tant. Un mélange à la fois de principes et de liberté qui soude le clan et y établit des rapports de grande confiance. Une sympathie profonde le liant à Émeric Couperie et à son épouse, ainsi qu'à leurs quatre enfants – Philippe a trois sœurs : Laurie, Virginie et Coco – il prend l'habitude de revenir chez eux à intervalles réguliers et, au cours des mois et des années qui suivent, devient un familier du domaine. Outre le fait d'y apprendre vraiment à se tenir en selle, il s'imprègne peu à peu d'une véritable philosophie du cavalier faite, selon ses propres termes, « d'amour et de patience ». « Si vous n'aimez pas les chevaux, vous ne les montez pas bien. Cela n'est pas un simple rapport de forces, mais aussi de concession et d'estime. Et la patience apprise avec eux se retrouve forcément dans vos rapports avec les gens. »

Estimant que, pour le développement d'une carrière arrivée au niveau où en est celle de Julien, il ne sert plus à rien d'enchaîner Olympia sur Olympia, et sachant pertinemment que le dernier en date était loin d'être une réussite, Bertrand de Labbey tente un véritable coup de poker en décidant de programmer la rentrée du chanteur au Palais des Sports. Pour que l'opération soit rentable, la salle de la Porte de Versailles doit accueillir, en effet, deux fois plus de spectateurs que celle du boulevard des Capucines. Or Julien est au point le plus bas de sa trajectoire : son dernier album, bien que disque d'or, n'a pas donné les résultats escomptés, et la fréquentation de ses concerts s'est érodée. Il s'agit donc d'un challenge en forme de quitte ou double; d'autant plus inquiétant que, moins d'une semaine avant la première, les producteurs du spectacle, n'ayant enregistré que fort peu de réservations, convoquent de Labbey pour l'avertir que son poulain va les ruiner.

La tentation de tout décommander est forte... Mais le show est extraordinaire! Complètement novateur à bien des égards. Refusant le schéma traditionnel des invités faire-valoir, auxquels succède la vedette triomphante, Julien a conçu un véritable concert collectif au cours duquel tous les intervenants peuvent s'exprimer au mieux de leur talent, tout en préservant leur personnalité propre et leur originalité, mais en mettant celles-ci au service d'une force commune. Se donnant à fond, faisant même un numéro de claquettes, pour lequel il a pris des cours particuliers avec Jacques Vernon, et chantant comme jamais, il explose de présence et nourrit de sa propre énergie celles de Beau Dommage et de Geneviève Paris qui, pour l'occasion, interprète certaines de ses compositions personnelles. En une soirée, tout est gagné : la presse est enthousiaste et, le bouche à oreille faisant activement son travail, le Palais des Sports se remplit dans les jours qui suivent.

Un triple album enregistré en public sortira quelque temps plus tard; mais le vinyle ne rendra qu'en partie l'euphorie splendide qui animait ces concerts mémorables. Puis le spectacle complet part pour une tournée de deux mois à travers la France, la Belgique et la Suisse. Tournée d'ailleurs bien difficile à mettre sur pied, car le clan Marouani, ayant beaucoup de mal à accepter le départ de Julien, fera une espèce de forcing auprès des directeurs de salles de province et des producteurs pour que le chanteur ne trouve ni financement ni lieux où donner son spectacle. La politique de la terre brûlée, en quelque sorte... Le seul qui prendra le risque d'encourir les foudres de la Sainte-Famille sera Roland Hubert; si bien que, l'année suivante, lorsque ce dernier insistera pour que Julien joue au Palais des Congrès, Bertrand de Labbey, bien que n'aimant pas le lieu, acceptera par reconnaissance.

Au mois de mai 77, les Carpentier, qui consacrent l'une de leurs émissions *Numéro Un* à Julien Clerc, lui demandent de prévoir une chanson en duo avec Sylvie Vartan. Jean-Loup Dabadie écrit donc *Partir,* un très beau texte à la fois plein d'espoir et de nostalgie, sur ces voyages qui restent dans la tête de ceux qui ne franchissent jamais les portillons des gares ou les passerelles des navires :

Depuis l'enfance
Je suis toujours en partance

Je vais, je vire
Contre le cours de ma vie

Partir, partir
On a toujours un bateau dans le cœur
Un avion qui s'envole pour ailleurs
Mais on n'est pas à l'heure...,

avec ce refrain si désespérant et pourtant si juste :

Mais c'est vrai, le temps
Nous prend trop de temps.

Un 45 tours à deux est même prévu ; mais si le duo a bien lieu devant les caméras de télévision, Sylvie Vartan refusera tout net d'enregistrer le disque avec un chanteur qui apparaît alors comme un peu moins star qu'elle. Julien gravera donc *Partir* tout seul, et le titre, bien que ne figurant sur aucun album [1], finira quand même par devenir un de ses standards.

Entre son métier, tout de mouvement, de fracas et de lumière, et le calme intemporel de la Métairie, Julien semble trouver un équilibre qui lui va bien. Cela fait maintenant trois ans que Miou-Miou est sa compagne et, dans les semaines qui suivent, elle va accoucher d'une petite fille qu'ils appelleront Jeanne. L'influence de la jeune femme sur son compagnon est à la fois positive et palpable. A son contact, Julien s'est beaucoup ouvert au monde. Lui qui a longtemps vécu dans un univers

1. *Note de l'auteur* : *Partir* se trouve en fait sur le 33 tours enregistré en public : *Pantin 83*, ainsi que dans la compilation récente *Préférences* (1985). Mais notre parti pris est de ne considérer comme albums à part entière que les enregistrements réalisés en studio. Ce sont eux, en effet, et eux seuls, sauf cas exceptionnels et rarissimes, qui constituent la véritable discographie originale d'un artiste.

presque clos, dont il était à la fois l'épicentre et le moteur, est devenu beaucoup plus attentif aux gens et aux choses. Miou-Miou l'a forcé à sortir de son cocon, à vaincre une partie de sa timidité et, telle une chrysalide, à déployer ses membres et ses antennes au grand air. Aujourd'hui encore il s'étonne de la manière dont, tout naturellement, elle l'emmenait s'asseoir à une terrasse de bistrot; chose qui, à cause de son statut d'homme public fortement médiatisé, lui semblait impensable et impossible avant qu'il ne la rencontre.

Ainsi voit-on, sur les photos de cette époque, un homme beaucoup plus épanoui et souriant que ce qu'il était quelques années plus tôt. Il vient de franchir un cap important et, comme il le chante lui-même :

J'ai eu trente ans
Je suis content
Bonsoir...

Cette chanson, absolument magnifique, qui compte sans conteste parmi les plus belles de son répertoire, est le cadeau d'anniversaire que lui ont fait ses copains Maxime et Crapou. Il la chante sur la seule guitare sèche de ce dernier et un léger back-up de cordes, avec une sensibilité vibrante; et peu de textes lui auront autant collé à la peau :

C'est le temps de plus d'excuse
Au vieil écolier qui s'amuse
Ce qui n'est pas
Ne sera pas
Plus tard

Dans l'emploi du temps qui reste
Y a plus de nuits, y a plus de siestes
Y a plus de cafards

Ceux qui regardent en arrière
Ne voient que de la poussière

Au nom de cette idée évidente qu'on ne fréquente pas impunément quelqu'un pendant dix ans, sans vieillir avec lui, Étienne Roda-Gil a souvent déclaré qu'à son avis un chanteur devrait accepter de mûrir avec son public : « C'est-à-dire que l'idéal que j'ai de Julien Clerc, c'est un homme de quarante ans qui chante des histoires d'hommes de quarante ans. Et je prétends que l'on peut quand même faire frétiller les minettes avec ça. »

Curieusement, c'est en partant d'une idée un peu semblable; mais dont il tire de tout autres conclusions, que Maxime Le Forestier a écrit sa chanson : « Je voulais donner l'idée d'un type qui accepte son âge et qui s'en trouve bien. Comme si c'était une victoire. Car il était important que les gens sachent l'âge de Julien. Il n'en était que plus beau. En chantant *J'ai eu trente ans* il ne peut pas tromper sur son âge et les gens doivent l'accepter comme tel. Mais on ne peut pas non plus vieillir en même temps que son public; il faut se renouveler. »

Au cours de cette même année, Maxime achète à son tour une maison dans la proximité immédiate de la Métairie. Julien et lui ont alors l'occasion de faire régulièrement de longues promenades ensemble, aux cours desquelles ils s'inventent des fantasmes de gentlemen-farmers.

Ainsi se voient-ils très bien tous les deux, vieillissant sur leurs terres et devenant des notables locaux, avec des cannes et une volée de petits-enfants.

> J. C. *On se donnait souvent rendez-vous entre les deux maisons, avec Maxime. On se retrouvait à cheval et après on allait déjeuner soit chez lui, soit chez moi.*

Pour surprenante qu'elle puisse être aux yeux de leurs fans respectifs, l'amitié entre les deux chanteurs met en évidence la déformation des images qu'ils projettent l'un et l'autre. En effet, si Maxime Le Forestier, qui apparaît comme le chanteur de la contestation, n'est certainement pas aussi révolutionnaire que le disent les gens, Julien, sous ses airs nonchalants de chanteur B.C.-B.G., est beaucoup moins léger que ne le pensent certains. Partant, délivrés des idées toutes faites, les deux hommes se rejoignent là où personne ne les attend; c'est-à-dire là où ils sont vraiment eux-mêmes. Fort de son expérience de l'album précédent qui, réalisé avec ses musiciens de scène, avait été une véritable réussite musicale, Julien retourne en studio entouré d'une équipe sensiblement identique, pour préparer le disque avec lequel il doit affronter le Palais des Congrès en octobre. Les arrangements étant supposés se mettre en place au cours des séances d'enregistrement, le chanteur et les musiciens passent de nombreuses journées à essayer différentes combinaisons de son et font plusieurs maquettes, avant de se décider pour telle ou telle couleur, tel ou tel parti pris, telle ou telle ambiance.

Bertrand de Labbey qui ne veut prendre connaissance que d'un produit fini les laisse travailler en vase clos, jusqu'à ce que Julien lui annonce que les cinq premiers titres sont terminés. Il se rend donc au studio et l'on procède à l'écoute de ce qui, théoriquement, représente la moitié de l'album définitif. Consternation! « Là on ne s'en remettra pas », affirme-t-il sans s'embarrasser de précautions diplomatiques. Bien sûr, ce genre de choses ne fait jamais vraiment plaisir à entendre, et chacun se sent un peu bousculé dans son amour-propre; mais depuis le temps, Julien a appris à ne jamais négliger les avis ou les conseils de son agent. Or, beaucoup de temps, d'argent et d'énergie ont déjà été investis dans cette production dont il apparaît soudain qu'on ne gardera rien.

Pour sauver l'entreprise, il ne reste donc plus qu'une solution : faire appel à un arrangeur qui reprendra tout en main depuis le début. C'est-à-dire constater l'échec de la tentative de groupe à l'anglo-saxonne. La formule étant, sans conteste, la meilleure possible pour la scène, mais manquant encore de rigueur et de maturité en studio.

Bertrand de Labbey rappelle donc Jean-Claude Petit qui, ayant lui aussi un amour-propre à entretenir, fixe des conditions nettement plus élevées qu'avant son éviction. Ne faisant plus partie intégrante de l'équipe du chanteur, Petit applique le tarif maximum. Cela dit, une fois réglé ces soucis d'ordre matériel, il fournira un travail magnifique.

> J. C. *C'est vrai que c'était une catastrophe. Et je me souviens d'avoir laissé un message, sur le répondeur de Jean-Claude, le soir de la première ou de la deuxième séance des nouvelles bases, quand j'ai senti que nous tenions enfin le bon bout; pour lui dire qu'il avait fait du grand travail.*

En quelques jours, Petit récrit toutes les orchestrations; mais, et c'est là son tour de force, en prenant soin de respecter le cachet personnel de chaque musicien. Ainsi le disque sonnera-t-il quand même comme un travail de groupe, avec cette cohérence parfaite qu'acquièrent seuls les gens qui tournent ensemble depuis longtemps.

Baptisé *Jaloux*, l'album sortira dans les délais prévus et d'aucuns y verront même le meilleur 33 tours de Julien Clerc, depuis le début de sa carrière. Cela reste, bien entendu, affaire de goût; mais quoi qu'il en soit, ce sera la plus forte vente jamais enregistrée jusqu'alors par le chanteur.

De Labbey a l'habitude de dire qu'un nouvel auteur travaillant pour Julien ne trouve réellement le succès qu'au bout de la seconde tentative et c'est effectivement une chanson de Jean-Loup Dabadie, *Ma Préférence*, qui tirera *Jaloux* jusqu'aux environs du disque de platine. Soit un peu moins de quatre cent mille exemplaires certifiés.

> J. C. *Bien entendu, Étienne n'aimait pas ce que les autres m'écrivaient; que cela soit Maxime ou Jean-Loup, et il ne se gênait pas pour le dire. Si bien qu'un jour, lui parlant de* Ma Préférence, *je lui dis : « Ça, quand même, tu ne peux pas dire que ce n'est pas bien! » Et il a eu cette réponse, extraordinaire de mauvaise foi : « Évidemment qu'à toi, il te donne les plus belles plumes de son chapeau... » C'est presque une phrase d'amant éconduit...*

Ma Préférence marque un réel changement dans l'expression de Julien Clerc, en ce sens que son écriture est très directe, presque quotidienne :

> *Je le sais*
> *Sa façon d'être à moi*
> *Vous déplaît*
> *Autour d'elle et moi le silence se fait*
> *Mais elle est*
> *Ma préférence à moi...*

Il y a là une évidence de langage qui contraste étonnamment avec l'univers de Roda-Gil, dans lequel les émotions arrivent moins par les mots que par les images que ceux-ci éveillent dans une part informulée de la mémoire. Ainsi, sur le même album :

Oiseaux sauvages
Tournez la page
De mes voyages
Avions et bateaux
Dans cette cage
Comme une plage
Je dors avec elle
Je dors dans ses ailes

S'il fallait prendre une comparaison avec les arts plastiques, nous dirions que Dabadie est un peintre qui pose des touches successives de couleur sur une toile, qui peut être ou non vierge, peu importe; un peintre qui, telle une vague, ajoute un peu plus de matière chaque jour à ce qu'il brosse. Roda-Gil, au contraire, serait le sculpteur qui sait que son œuvre est déjà contenue dans la boule de glaise qu'il façonne, et qui s'acharne à l'en extraire.

Alors que l'album précédent marquait un véritable partage du territoire entre auteurs, chacun, à l'exception de Momo, signant trois titres, *Jaloux* réinstalle Roda-Gil dans ses prérogatives d'auteur principal. Mais cela ne doit pas masquer les lézardes de plus en plus profondes qui minent la vieille bande de L'Écritoire. Car, sans que pour l'instant personne veuille encore affronter la vérité en face, il est certain que l'équipe triomphante du *Cœur Volcan*, de *Danse s'y* ou de *Heureux le marin qui nage*, a perdu de sa magie. Les traits fulgurants d'il y a encore cinq ans à peine ont fini par devenir presque routiniers et, si Maurice Vallet, qui à l'exception de *N° 7* n'a jamais beaucoup produit, ne souffre pas trop ouvertement de cette usure, l'omniprésence de Roda-Gil appartient, quant à elle, au passé.

En fait, cela ressemble fort à une révolution de palais. Pendant presque dix ans, depuis leur première rencontre jusqu'à *N° 7*, Étienne a été le théoricien de l'entreprise.

Celui qui, parce qu'il fascinait Julien et avait le verbe sûr, rapide et lumineux, donnait les impulsions les plus fortes à leur trajectoire commune. Julien était le patron, certes! le fameux « prince pirate adolescent » que magnifiaient toutes les chansons de Roda, de manière presque mythologique; mais en sous-main, c'est ce dernier qui avait la charge de la régence. Puis, insensiblement, avec le temps, un autre pouvoir s'est mis en place, dont Étienne ne s'est absolument pas méfié. Un pouvoir d'autant plus fort qu'il n'a jamais eu à se manifester publiquement, de façon très spectaculaire; mais n'en a pas moins accompli un travail énorme, sans lequel Julien ne serait peut-être plus là aujourd'hui. Un jour, les choses s'accélérèrent. Bertrand de Labbey, ne faisant d'ailleurs là qu'un véritable travail d'éditeur, dont le rôle consiste à créer des rencontres entre artistes et auteurs, proposa d'ouvrir l'équipe à de nouvelles plumes; ce qui, à plus ou moins brève échéance, signifiait : infléchir le profil du chanteur et l'engager dans de nouvelles directions. Donc, en clair : mettre un terme à la régence d'Étienne.

Une fois le processus enclenché, avec l'arrivée de Jean-Loup Dabadie et, dans une moindre mesure, de Maxime Le Forestier, car celui-ci est plus là en ami qu'en nouvel auteur, la situation ne peut que se bloquer; car il est évident que Roda jouissant, depuis l'origine, d'une telle position de monopole, quiconque rentre dans l'équipe ne peut le faire qu'en le bousculant dans son espace vital, pour avoir de la place. Et même s'il est absolument certain que Jean-Loup Dabadie n'entend rien lui retirer, en acceptant la proposition de de Labbey, les faits sont là : c'est inévitable.

Dès lors, la rupture n'est plus qu'une question de temps et de circonstances. D'autant plus certaine que, si la personnalité unique et précieuse de Dabadie eût pu jouer en faveur d'un statu quo, l'arrivée d'une nouvelle recrue, dès l'album suivant, rompra définitivement l'équilibre.

Ma Préférence étant un succès sans précédent pour Julien, et d'autres titres de l'album, comme *Macumba* ou *Jaloux de tout*, passant également beaucoup en radio, le spectacle du Palais des Congrès sera un triomphe.

> J. C. *Le soir de la première j'avais Catherine Deneuve juste en face de moi, et je m'étais assis sur le bord de la scène, quand je me suis planté dans* Ma Préférence.
> *Je n'ai jamais compris pourquoi; mais les gens adorent quand on se trompe. Et moi, ça me mortifie, parce que j'ai l'impression de ne pas bien faire mon travail, de ne pas leur donner ce qu'ils méritent. Mais chaque fois les gens sont ravis. Ça, ça me tue!*

Deux heures non-stop, sans la moindre pause pour laisser retomber la sauce, et une trentaine de chansons qui, de *La Californie* à *Ma Préférence*, en passant par *Le Cœur volcan*, *Partir*, *Yann et les dauphins*, *Ce n'est rien*, *Quatre heures du matin*, *Niagara*, etc., ressemblent à une véritable collection de tubes. Un orchestre qui roule le feu de Dieu, avec une bonne douzaine de musiciens, dont une section de six cuivres, et les piliers du Crapoutchik; le tout sur des orchestrations percutantes de Jean-Claude Petit. Et, au milieu de l'orgie de lumières et de décibels, une silhouette féline, dans un costume un peu rétro gris anthracite, des boucles noires qui accrochent les contre-jours, et un cœur gros comme ça.

Moments de fureur saturée, quand *La Cavalerie* explose dans les amplis; moments de chair de poule quand Julien chante *J'ai eu trente ans* sur les pickings de Kawczynsky. Enfin, comme ultime rappel, après avoir balancé une version musclée de *Travailler c'est trop dur*, le vieux standard cajun, une reprise émouvante de *Mon camarade* de Jean-Roger Caussimon et Léo Ferré, seul au piano.

Cela n'est pas vraiment une surprise, puisqu'il l'avait déjà interprétée en final de son spectacle du Palais des Sports; mais cette volonté systématique de reprendre ainsi des classiques de la chanson française montre qu'au-delà de son goût pour le rock anglais, Julien Clerc sait être éclectique. Sa première tentative de ce genre remonte en fait à plusieurs années en arrière, lorsque, pour son dernier Olympia, en 74, il avait mis à son répertoire *Comme hier*, de Paul Fort et Brassens, et *L'âge d'or* de Ferré. Dans les années à venir, il persévérera avec *L'Hymne à l'amour* de Piaf, *Vingt ans* de Ferré encore, *La Quête* de Brel et, plus récemment, à Bercy, avec une version éblouissante et presque a cappella d'*Ordinaire* de Robert Charlebois. A tel point que cette habitude est presque devenue une signature et que, de spectacle en spectacle, on en arrive à attendre avec curiosité la reprise du cru.

Ce passage au Palais des Congrès est l'occasion pour le chanteur d'introduire dans son équipe de scène deux nouvelles têtes qui dans les années suivantes joueront un rôle essentiel dans ses tournées : d'une part Claude Jarroir qui, après avoir longtemps été le régisseur d'Alan Stivell, devient celui de Julien et se charge donc, dorénavant de veiller à la bonne marche des concerts, tant au niveau de la technique que des relations humaines; et de l'autre Philippe Santschi dont le rôle est assez proche de celui que tenait Machepro, avant son accident. Ayant été engagé comme chauffeur-secrétaire, en 1976, Santschi assumera dorénavant les fonctions du personnel routier du chanteur, c'est-à-dire en quelque sorte d'homme de confiance et d'ami.

12.

Dans les tout premiers jours de l'année 1979, le 10 janvier exactement, Jean-Loup Dabadie est l'invité de FR3, dans l'émission du même nom de Jean-Pierre Alessandri et Paul Giannoli. Pour la circonstance, il demande à Julien, avec lequel il travaille depuis maintenant trois ans et qui, au fil des mois, est devenu l'un de ses amis les plus chers, de lui faire un cadeau que, pour sa part, il juge inestimable; venir chanter en direct une chanson qu'ils ont écrite ensemble, deux ans auparavant, et qui est restée lettre morte : *L'assassin assassiné* [1].

En effet, lorsque Dabadie avait apporté le texte à Julien, celui-ci s'était assis à son piano et avait composé la musique, l'une des plus belles qu'il ait écrites, presque d'un seul jet. Mais depuis, un curieux blocage faisait qu'il n'arrivait pas à se décider à la publier. Au bout de plusieurs mois, pour ne pas qu'elle sombre dans l'oubli des fonds de tiroir, Dabadie, en désespoir de cause, propose de la faire écouter à Serge Reggiani qui vient de lui demander de nouveaux textes. « Nous allons donc voir Serge chez lui et Julien se met au piano, avec les feuillets du texte étalés devant lui. Je n'oublierai jamais ce

1. *Note de l'auteur :* Voir annexe n° 1, en fin de volume.

moment de ma vie. Il était 11 heures, un dimanche. J'étais là, debout, et Serge, debout également, était adossé de l'épaule droite au chambranle d'une porte. Julien chante et, à la fin de la chanson, il y a un petit moment de silence que personne n'ose rompre. Et soudain, Serge éclate en sanglots, bouleversé; et il dit : " C'est évident, il n'y a même pas à en parler. Bien sûr, je le veux. Merci de me l'avoir apportée ". »

Pourtant, un mois plus tard, Reggiani appelle son auteur fétiche pour lui dire qu'il est au désespoir, mais qu'il n'y arrive pas; quelque chose en lui disant que cette chanson, bien que correspondant tout à fait à ses idées et à son sentiment, n'est pas pour lui. Ce qui confirme tout à fait l'opinion de Jean-Loup Dabadie selon laquelle une chanson écrite pour quelqu'un ne peut aller à quelqu'un d'autre.

Julien accepte donc, par amitié, de chanter *L'Assassin assassiné*, sur FR3, plongeant ainsi le studio dans un état d'émotion peu croyable, et déclenchant un véritable raz de marée de coups de téléphone et de lettres qui demandent où trouver la chanson. Puis, le chanteur partant en tournée sur la Côte d'Azur, dans les jours qui suivent, il décide d'essayer de la jouer à Nice, où le public l'acclame debout, à Marseille et ainsi de suite, avec toujours le même résultat; jusqu'à ce qu'il finisse par l'enregistrer plus d'un an plus tard, sur son album *Sans entracte*.

En attendant, 1979 est l'occasion pour Julien Clerc de participer, en marge de son œuvre personnelle, à deux réalisations collectives, dans des domaines on ne peut plus différents. L'une est, en effet, le conte musical pour enfants : *Émilie Jolie*, écrit par Philippe Chatel; tandis que l'autre est une tentative d'évocation en chansons du Front Populaire de Léon Blum. Le sujet, précisément, sur lequel Paul-Alain Leclerc s'est fait recaler au concours de Sciences-po. Le livret est de Roda-Gil, et la musique de

Jean-Pierre Bourtayre et Jean-Claude Petit. Ce dernier s'occupant aussi, bien sûr, des arrangements et dirigeant, pour l'occasion, l'Orchestre de l'Opéra de Paris. L'argument est simple : deux trains se croisent dans une gare; l'un bondé d'ouvriers qui, pour la première fois de leur vie, partent en congés payés, l'autre de volontaires en route pour l'Espagne où la guerre civile fait rage. Un homme et une femme se rencontrent, au milieu de la frénésie et de la liesse générale, commençant à refaire le monde à partir d'une idylle, sur fond d'espoir autant que d'inquiétude. Le titre : *Ça commence comme un rêve d'enfant*, que chante Julien, est à ce propos une assez bonne définition des trois principaux pivots de la pièce – la résistance anarchiste en Catalogne, le Front Populaire et l'amour entre un jeune électricien militant et une belle laborantine en vacances.

Un double album sera enregistré, avec la participation, outre Julien, de Claude-Michel Schonberg, Corinne Miller, Jean-Louis Rolland, Hélios Vidal, Marc Pascal, Bernard Estardy, Françoise Petit, Martine Latorre, Michel Esslinger, Patricia Hayat, Alain Pralon, Noël Deschamps et Jean-Claude Petit lui-même.

Il était prévu, à l'origine, que *36 Front Populaire* soit monté dans une salle parisienne; mais l'entreprise n'aboutit jamais et, comble d'ironie, il est fortement question, ces temps-ci, que la pièce soit finalement créée à Broadway.

A l'opposé des souvenirs libertaires d'Étienne Roda-Gil, qui sait vraiment de quoi il parle, lorsqu'il aborde le sujet, *Émilie Jolie* est une sorte de conte de fées, que Philippe Chatel réussit à mener à bien grâce à l'amicale complicité de Georges Brassens, Henri Salvador, Alain Souchon, Sylvie Vartan, Eddie Mitchell, Robert Charlebois, Françoise Hardy, Laurent Voulzy et Julien Clerc. L'album se vendra à plus d'un million d'exemplaires; et c'est Julien, dans le rôle de l'oiseau, qui fera le tube énorme d'un projet, fort sympathique au demeurant, destiné à détrôner *Petit Papa Noël* au panthéon des disques qui réapparaissent dans les présentoirs, tous les ans, au moment des fêtes.

Au cours des longues périodes qu'il passe à la Métairie, quand il n'est pas en studio, Julien prend le temps d'explorer plus à fond la campagne environnante. Tantôt à cheval – Miou-Miou lui en a récemment offert un second : Chérubin, dit « Buck », plus adapté à sa passion nouvelle pour le saut d'obstacles – tantôt à pied. Sur place, il s'est lié d'amitié avec un personnage assez étonnant : Jean Lavollée, grand amateur de chasse et lieutenant de louveterie pour le département de l'Yonne, qui, à ce titre, participera aux battues destinées à réduire les derniers loups repérés en Lorraine, dans les années 70. En compagnie de cet homme de terroir, Julien découvre et apprend à comprendre et à aimer cette région mystérieuse qu'est la Puisaye profonde, région de bois et d'étangs, qui vit naître Colette et qui hante une bonne partie de ses écrits. A tel point qu'il décide de déménager pour s'en rapprocher.

> J. C. : *En fait, j'avais un autre grand ami, dans l'Yonne : M. Garnache. Il est mort depuis, dans un accident de la route, et c'est par Robert Gall que je l'avais connu. C'est lui qui m'a présenté Jean Lavollée.*

Julien vend donc la Métairie et, vers la fin de l'année, achète une vaste propriété à quelques kilomètres de Saint-Sauveur-en-Puisaye : le château des Gouttes. Pas moins de dix-huit pièces, sur un domaine de soixante-dix hectares, comprenant deux étangs : l'un de dix-huit hectares et l'autre de vingt-quatre. « Une folie, liée à un rêve fait pendant des années et que j'ai pu réaliser grâce à la chanson. Un rêve très romantique et un peu enfantin, qui trouve certainement ses origines dans des films et des romans. Les gens du pays riaient, parce que ces terres étaient connues comme les plus mauvaises du coin, les plus pauvres au niveau du rendement céréalier. Mais cela n'était pas important, puisque j'ai tout planté en prairies. »

Quand Julien Clerc achète Les Gouttes, il décide, avec l'aide de Jean-Michel Goreau, d'y créer un véritable élevage de moutons. Pour faire les choses sérieusement, Jean-Michel va donc suivre pendant plusieurs mois un stage de formation, chez un berger professionnel. Puis il draine les prairies et les ceint de clôtures, jusqu'à obtenir une soixantaine d'hectares de parcs à moutons, dans lesquels prendront place trois cents brebis.

Sur ces entrefaites, Julien s'envole pour le Canada, en compagnie de Padovan, Kawczynski, Gérard Bikialo et Jean-Claude Petit, pour y enregistrer au Morin Heights Studio ce qui sera son dixième album.

Cette fois, Petit ne se laisse pas prendre de court, et il débarque avec sa pile de partitions sous le bras. Les choses sont donc assez faciles à mettre en boîte; mais tout le monde bute sur un titre : *Quand je joue*. Julien a beau avoir fait passer la musique à tous ses paroliers habituels, ce qu'ils lui proposent ne lui convient pas. Roda-Gil et Dabadie referont leur copie à plusieurs reprises, et chaque fois le chanteur la refusera. Or, en tant qu'agent de Diane Dufresne pour la France, Bertrand de Labbey connaissait évidemment très bien Luc Plamondon, son parolier attitré. Le fait d'être au Canada facilitait encore la possibilité de rencontre, et Julien, peu enthousiaste au départ, finit par se laisser convaincre de donner sa chance à l'auteur québécois.

Ne me demandez pas
D'où je viens, qui je suis
Quand on est musicien
On est jamaïcain
Si le cœur vous en dit

Peu importe qu'on soit
De New York ou Paris
Quand on est musicien
On est Américain
Si on vit aujourd'hui...

Enfin, le texte plaît au chanteur mais, avec ce nouvel état d'esprit très direct, très américain, c'est l'arrangement de Jean-Claude Petit qui ne convient plus. Ce dernier a beau reprendre son orchestration, Julien quitte le Canada sans être satisfait. Arrivé à Paris, il réunit quelques musiciens autour de Jean Roussel et, en quelques séances, la cause est entendue.

Ainsi, sans être un titre majeur, *Quand je joue* marque le vrai virage de la carrière de Julien Clerc. Pour la première fois Roda-Gil n'arrive pas à lui donner satisfaction sur un texte, et, pour la première fois, Jean-Claude Petit n'arrive pas à se dépêtrer d'un arrangement. Ce qui fait que, dans un cas comme dans l'autre, le chanteur a dû faire appel à des têtes neuves pour résoudre son problème. Cette fois l'équipe est définitivement en miettes et, sans le savoir, Étienne et Petit viennent de travailler avec lui pour la dernière fois.

Le disque sortira, d'ailleurs, sous une pochette assez éloquente. Une photo de Julien déchirée en deux, dans le sens de la hauteur, sur fond de ciel se partageant lui-même entre l'orage et le bleu. Pochette symbole : un côté sombre pour le passé que l'on enterre, et un côté bleu soleil pour l'avenir triomphant; avec Julien déchiré juste entre les deux. Certains pourront y lire le symbole à l'envers – ceux du *Club des Patineurs*, par exemple – ça n'est qu'une question de point de vue; mais sa force d'évocation reste intacte et peut marcher dans un sens comme dans l'autre.

> J. C. : *C'est Jean-Baptiste Mondino qui a fait cette pochette avec le ciel déchiré. C'est lui aussi qui a conçu celle de* Sans Entracte, *l'album suivant.*

Généralement considéré, par l'entourage du chanteur, comme un album faible et de peu d'intérêt, celui-ci, baptisé *Clerc Julien*, contient pourtant quelques réalisations dignes de considération. Tout d'abord une magnifique évocation de Roda : *Bibliothèque Mazarine*, qui ouvre la première face sur une promenade d'automne au bord des quais de la Seine, par un jour de cafard désabusé :

Notre langue française s'abîme
Comme un vieux livre de cuisine
Sur les quais et sous la pluie
Au pied de l'Académie
Bibliothèque Mazarine
Le brouillard sur les vitrines
Le chagrin et les autos
Le pont des Arts en travaux

Il pleut
Le temps passe
Comme il peut
Le regard des curieux
A des flaques dans les yeux...

Puis, une tout aussi belle et très étrange chanson de Dabadie : *Tu me manques.*

C'était lui, là
Près de moi sur la photo de classe
On dirait qu'il dit : Je passe...
C'était lui, ça
Souriant d'un sourire qui se casse
Comme le temps nous dépasse
(...)
Il disait ça :
Pour nous le passé ne passera pas
Nous n'étions pas grands, n'est-ce pas ?

Également de Dabadie, une *Confidence* fort sensible, mais dont le chant force un peu trop du côté des trémolos, et une amusante pochade aux intonations « country », jouée et chantée avec une belle santé : *Les oiseaux dans les arbres*. Sans oublier cette étonnante *Femme boréale* de Roda :

Je marche vers le nord
Vers le froid qui vous endort
Et les nuits de vingt semaines...

Au total, un bilan globalement positif, donc, pour un album jugé trop sévèrement, sous prétexte qu'il n'eut pas un accueil très chaleureux de la part des radios. Mais, si le succès ou l'échec d'une chanson peuvent se décider en quelques mots dans les bureaux des programmateurs, ses qualités intrinsèques restent, fort heureusement, à l'abri de leurs jugements.

L'album *Clerc Julien* étant, néanmoins, trouvé un peu léger, pour envisager sérieusement le Palais des Congrès que le chanteur doit refaire dès le mois d'octobre, il faut sortir un album de rattrapage en quatrième vitesse. Et, comme Julien s'apprête à partir en tournée avec son groupe refondu sous l'autorité de Jean Roussel, il est décidé à travailler les nouvelles chansons sur la route. Ainsi, pour la première fois, l'épreuve de la scène aura-t-elle précédé l'élaboration en studio, pour les neuf chansons contenues dans *Sans entracte*. Bien sûr, dans un premier temps, tout le monde s'étonne un peu de la proximité des deux productions; mais alors qu'aucun tube véritable n'était sorti de *Clerc Julien*, *Jungle Queen*, de Maurice Vallet, s'installe à la première place du hit-parade de R.T.L., et *Mangos*, signée Gainsbourg, fait son chemin dans les charts, portant ainsi, en quelques mois, le trente centimètres aux environs des cent cinquante mille exemplaires vendus.

> *J. C. : On avait enfermé Serge dans un studio, pendant que nous travaillions sur tout autre chose. Le play-back était déjà enregistré; mais pas la voix, puisque nous n'avions pas de paroles. Par la vitre, on voyait Gainsbourg qui écrivait et qui écrivait; et le pauvre, il arrivait chaque après-midi, vers 2 heures, pour se faire enfermer.*

Par ailleurs, *Sans entracte* consomme vraiment la rupture avec Roda-Gil. En effet, pour la toute première fois depuis que Julien chante, il n'y a pas un seul texte d'Étienne sur son nouvel album. Celui-ci est amer. Comme toujours, il analyse la situation : « Il fallait bien que Julien tue son père. » L'expression sera abondamment reprise dans la presse et cela ne contribuera pas à améliorer les rapports déjà tendus entre les deux hommes. Si bien que, dans l'immédiat, le plus sage est que chacun s'enferme dans son silence, avec un flot de souvenirs qui restent, pour l'un comme pour l'autre, parmi les meilleurs moments de leur vie.

13.

Contrairement à ce que l'on aurait pu croire, *Sans entracte*, bien qu'élaboré dans l'urgence, n'est absolument pas un album bâclé. Au niveau de l'écriture, tout d'abord, on y trouve quelques vraiment bonnes chansons, comme *Elle faisait la la la* de Jean-Loup Dabadie, *Jungle Queen* de Maurice Vallet ou *Le crooner de l'an 2000* de Luc Plamondon, qui fait une espèce d'arrêt sur image, plein d'humour, sur la situation du chanteur à qui ses vieux fans, un peu déboussolés, reprochent sa dérive mode.

En l'an 2 000
Quand je serai
Un vieux crooner
Quand j'n'aurai plus
Envie d'me prendre
Pour un rocker
Quand je serai devenu réfractaire
A toutes ces modes
Qui se démodent
Quand j'aurai trente-cinq ans de carrière
Alors ce sera facile
D'avoir du style...

Au chapitre des bonnes chansons, il y a bien sûr *La Quête*, tirée de *L'Homme de la Mancha*, et adaptée en français par Jacques Brel; mais cela n'est pas la reprise la plus réussie de toutes celles que tentera Julien. La plus incroyable, à ce jour, restant sa version fabuleuse d'*Ordinaire*, seul debout au milieu de l'immense scène de Bercy.

Chose curieuse, Gainsbourg signe deux des textes, et c'est pratiquement ce qu'il y a de moins intéressant sur l'ensemble, car les deux personnages coïncident mal. Ou, du moins, leurs images. Autant Julien incarne le soleil et tout ce qui est sain, autant Gainsbourg reste, dans l'esprit du public, un personnage trouble, sulfureux et n'évoluant que dans l'ambiguïté. L'entendre ici parler de jolis sous-bois donne plus envie de sourire qu'autre chose; et la chanson, même portée par Julien, n'est pas crédible. Par contre, *Sans entracte* renferme deux perles infiniment précieuses : *L'assassin assassiné*, que Julien chante avec une sensibilité inouïe, une voix en permanence à la limite de la brisure et un piano qui sonne comme une cathédrale; et, moins connue mais presque aussi émouvante : *Les mots qui dansent.*

Quel âge ont-ils et que font-ils
Ceux qu'on appelait les enfants du siècle?
On disait : Soyons difficiles
Un jour nous n'aurons plus vingt ans et quelques...

Ainsi sont les hommes
Comme aussi les femmes sont

Pour nous tous, ces mots qui dansent
La liberté, l'égalité...
Nous n'avons guère songé à faire
La guerre pour que ces mots dansent

Je dis ça mais on ne peut pas
Abandonner tant d'espérance...

Deux chansons qui, chacune à sa manière, posent un regard sans complaisance sur la société et montrent que le fait politique est loin d'être étranger aux préoccupations du chanteur. D'ailleurs, chose étonnante de sa part, vu l'image qu'il développe, Julien Clerc confie coup sur coup, à deux journalistes, l'un des *Nouvelles Littéraires* et l'autre du *Matin de Paris* : « Si je n'avais pas fait ce métier, peut-être serais-je passé à l'action violente. C'est bien de faire des pieds de nez à une société qui engendre ou produit des choses haïssables [1]. » Lorsqu'on lui demande aujourd'hui de préciser sa pensée, Julien répond que certains événements le bouleversent de colère et d'indignation; mais qu'il aimerait bien « pouvoir (s') entendre avec (ses) contradictions ». « A l'époque, je pensais que je comprenais les misérables et ceux qui, frappés d'injustice, réagissent violemment. Parce qu'à un certain moment, on a l'impression que c'est trop et que les choses ne bougeront jamais. Je comprenais cette révolte; c'était le sens de ma phrase. Mais, aujourd'hui, après avoir vu toutes ces actions terroristes, je pense que rien, aucun malheur, aucune injustice même, ne justifie que l'on pose des bombes au milieu d'innocents. De cela, je suis aussi sûr que je suis contre la peine de mort. »

Trouble, interrogations, angoisses d'homme public connaissant l'impact de ses propos et prises de position, parfois douloureuses, que Jean-Loup Dabadie exprime avec beaucoup de finesse dans *Les mots qui dansent* :

1. *Note de l'auteur* : Propos recueillis par Marlène Amar, in *Le Matin de Paris* du 22 avril 1980.

De quoi nous parle cet artiste?
Pourquoi faut-il que lui aussi soit triste?
Il parle de ce qui lui chante
Et ce n'est pas toujours ce qui l'enchante.

En fait, la vision politique de Julien Clerc est une sorte d'humanisme, qui le situe dans une mouvance de gauche extrêmement modérée; plus par rejet d'une certaine conception traditionnelle de la droite que par conviction véritable : « Une chose qui me révolte dans la droite – c'est un poncif, mais c'est quand même la vérité – c'est cette espèce d'accord entre le goupillon, l'argent et le notable de province, etc. Tout cela, ça existe! Vous n'allez pas me dire que ça n'existe pas! (...) Si être à gauche, c'est avoir, pour reprendre une grande phrase, une certaine idée de l'homme, alors oui, je me sens proche des gens de gauche. Mais je ne pense pas être complètement de gauche. D'abord parce que, si j'étais quelqu'un de gauche, j'irais voter. Or je n'ai jamais voté et je ne voterai pas la prochaine fois. Et je suis reconnaissant à ce pays de pouvoir ne pas aller voter [1]. »

Ne pas participer aux actes pratiques de la politique est une chose; mais Julien ne peut s'empêcher d'éprouver une fascination de professionnel du spectacle et des médias, pour ces hommes et ces femmes qui drainent des millions de voix sur leurs noms et leurs images. Ainsi, après avoir lu *La paille et le grain* de François Mitterrand, en 1977, demande-t-il à Gisèle Halimi, grande amie de Miou-Miou, de lui organiser un rendez-vous avec celui qui n'est encore, à l'époque, que le premier secrétaire du Parti Socialiste. Un dîner est donc décidé, au cours duquel les deux hommes sympathisent, au point

1. *Note de l'auteur*: Propos recueillis par Jacques Paugam, in *Play Boy*. Numéro d'octobre 1980.

d'avoir envie de se revoir. Ce qu'ils feront, de loin en loin il est vrai, mais tout de même avec une certaine régularité, y compris après l'élection présidentielle de mai 81.

En mars 80, invité par la rédaction du Journal d'Antenne 2, Julien se rend à Toulouse en compagnie du chroniqueur judiciaire Paul Lefebvre, pour assister au procès d'assises de Norbert Garceau, un assassin récidiviste, deux fois étrangleur à vingt-six ans d'intervalle, et qui, après avoir été condamné à mort en première instance en juin 79, a confié sa défense en appel à maître Badinter. Julien sort de l'audience déchiré d'émotion : « La famille de la victime était présente, des têtes d'honnêtes gens, ceux à qui on apprend à ne jamais s'éloigner du droit chemin. Eux pensaient que sauver la tête de Norbert Garceau représentait une véritable injustice. Et je me suis rendu compte combien il était difficile de se déterminer sur la question de la peine de mort. Combien celle-ci ouvrait la porte au doute le plus fondamental, combien il fallait de courage pour être abolitionniste, pour élever le débat au-dessus du passionnel [1]. »

A partir du 30 octobre, Julien s'installe au Palais des Congrès, pour une nouvelle série de concerts. Son groupe s'est maintenant internationalisé, sous l'impulsion de Jean Roussel, qui habite la plupart du temps à New York, et seuls demeurent, de l'ancienne formule, Christian Padovan à la basse et Gérard Bikialo aux synthétiseurs. Pour le reste, Jean Roussel, qui joue lui même du piano et des claviers, a recruté le batteur Marty Simon, qui avait déjà fait la tournée devant aboutir à *Sans entracte,* et un guitariste soliste très véloce : Joseph E. Wright, dit « Joe Jammer », dont la Stratocaster peinte comme un tartan écossais aura les faveurs des photographes de presse.

---

1. *Note de l'auteur* : Voir annexe nº 1, en fin de volume.

Ample pantalon blanc et chemise bleue ouverte jusqu'à la ceinture, Julien a l'air bien dans sa peau et son show déboule sans à-coups, comme une machine bien rodée, avec comme moment suprême de grâce et de sensibilité, *L'Assassin assassiné* qu'il interprète seul au piano, avant que la salle n'explose en une formidable ovation debout. Le spectacle commence par la projection d'un court métrage montrant Julien, Miou-Miou et leurs deux filles, en vacances en Tunisie. Moment paisible de bonheur familial, éternité fragile.

Et cette image de nous ensemble
Si loin déjà, dans un reflet.

Aux Gouttes, le temps semble s'être arrêté. Le domaine vit pratiquement en autarcie, grâce aux légumes du potager de deux hectares dont s'occupe un oncle de Miou-Miou, grâce également aux nombreux canards, poules et autres oies qui peuplent la basse-cour. Et puis, le charcutier de Saint-Sauveur vient régulièrement tuer le cochon pour en faire du boudin, des jambons, etc., le lait des brebis est transformé en fromage, les bois fournissent des paniers entiers de trompettes-de-la-mort, et les buissons assez de framboises pour le vinaigre.

L'écurie s'est enrichie d'un nouveau pensionnaire : un poney des Landes, nommé Hercule, qui sert à tirer la carriole avec laquelle Julien promène ses enfants et va faire ses courses au village.

Parfois, l'hiver, quand la neige recouvre ses prairies à perte de vue, il aperçoit de sa fenêtre un sanglier égaré ou un chevreuil qui longe les parcs à moutons.

Dans cette atmosphère d'un autre siècle, entre Miou-Miou qui fait des confitures et les rires d'Angèle et de Jeanne, Julien compose dans la sérénité. Chaque jour, il part galoper sur ses terres, en compagnie de ses deux chiens et, lorsque des amis viennent leur rendre visite, c'est l'occasion de fêtes joyeuses et de repas magnifiques. Car, outre le fait que Julien adore cuisiner et se lance parfois dans la confection de plats délicats, Claude Jarroir, son régisseur de scène, est lui-même un maître queux fort honorable, capable de se lever aux aurores pour commencer à faire réduire les sauces et préparer les bouillons. Un jour, d'ailleurs, que Julien se promène à cheval, il entend une espèce de bêlement venant d'un petit vallon encombré de neige. Les moutons étant rentrés à cette époque de l'année, il s'approche pour voir et découvre un jeune chevreuil empêtré dans une clôture. Avant qu'il ne réagisse, ses chiens se jettent sur l'animal et le mordent cruellement. Julien intervient à grands coups de bottes et, finalement, leur fait lâcher prise. Il rentre alors chez lui, portant le chevreuil sur ses épaules, pour essayer de le soigner. Et, alors que tout le monde s'affaire et s'attendrit autour de la pauvre bête, dans la grande cuisine du manoir, Jean-Loup Dabadie, pince-sans-rire, lance un regard à Jarroir : « Je crois qu'on va bientôt pouvoir préparer la sauce... »

Cette vie hors du temps et de l'espace est parfois coupée de courtes virées à Paris, quand Julien et Miou-Miou ont envie de changer d'air; car Les Gouttes sont à moins de deux heures de voiture des Champs-Élysées. Parfois Julien part seul. Descendant à l'hôtel, car il n'a plus de pied-à-terre dans la capitale, il passe deux ou trois jours à s'étourdir et à refaire le plein de sensations tumultueuses, avant de se replonger dans la quiétude de ses prairies, de ses vallons, de ses étangs et de ses bois. Il y a là un besoin vital en lui. Toujours cette dualité du personnage; mais n'est-ce pas le fait de toutes les Balances, dont le signe à lui seul indique déjà une recherche d'équilibre entre deux mondes en suspension? « J'aime la campagne, j'habite à la campagne; mais je ne suis tout de même pas un homme de la campagne. » Deux univers, donc : deux vies que Julien mène de front avec la même sincérité, le même souci d'aller au bout de ce qu'il a entrepris. Beaucoup de lucidité, également : « C'est très trompeur, la campagne. C'est beaucoup plus violent qu'on ne le pense, et plus angoissant, aussi. »

14.

La tournée qui suivra le Palais des Congrès sera marquée par l'enregistrement d'un album en public, à Lyon, les 12 et 13 mars 81 ; et qui, ce dernier jour étant un vendredi, s'appellera *Vendredi 13*. La formule musicale est la même qu'à Paris, mi-française, mi-anglo-saxonne ; et on sent qu'elle est parfaitement au point. Puis Julien marque une pause, car il se méfie désormais des choses qui tournent toutes seules et finissent par changer l'énergie créatrice la plus débridée, en simple savoir-faire. Il laissera ainsi passer deux ou trois ans, avant de replonger dans l'aventure d'une grande scène ; et ce sera son rythme, à l'avenir. Chaque nouveau spectacle devant maintenant apporter son lot de surprises et ne plus être le simple prolongement du précédent, fût-il agrémenté d'une poignée de très bons tubes en plus. « La scène, au bout d'un moment, c'est stérilisant. Il faut savoir redevenir compositeur et savoir aussi que rien n'est plus important qu'une chanson. »

Ce repli sur lui-même et sur Les Gouttes sera marqué par plusieurs bouleversements. A commencer par la fin de son parcours avec Miou-Miou. Il y a toujours des rapports de forces qui s'installent entre deux artistes qui vivent ensemble ; et si pendant un temps leur couple semble épargné, cela ne tient qu'au fait qu'ils font l'un et l'autre des métiers assez différents. Mais ce sont des métiers qui éloignent et, s'il est difficile pour une femme de chanteur ou de musicien de suivre une tournée dans laquelle tout le monde, sauf elle, a un rôle bien précis à tenir, Julien, pour sa part, se sentait comme un intrus sur les lieux de tournage de Miou-Miou. De plus, sa nature assez jalouse faisait qu'il supportait assez mal certaines scènes d'amour. « J'avais beau savoir que ça n'était que du cinéma, rien n'y faisait. Or ça n'était pas une question que je pouvais aborder de front, à l'époque, comme je peux le faire maintenant. Si bien que cela me rendait désagréable et que nos relations s'en trouvaient faussées, tendues... »

Au point que, peu à peu, Julien évite les plateaux, et Miou-Miou commence alors à lui reprocher de ne pas s'intéresser assez à ce qu'elle fait. « Les actrices, plus que toutes autres femmes, ont un perpétuel besoin d'admiration. Peut-être est-ce la marque d'un manque de sûreté; mais il faut en permanence les rassurer. Et ça, je ne le faisais pas bien... » Or, les chanteurs aussi ont besoin de se savoir valorisés aux yeux de ceux qu'ils aiment. Ainsi Julien le prend-il assez mal, lorsque à son retour du Canada, Miou-Miou lui déclare que les bandes qu'il ramène sont fort médiocres. Même s'il se trouve qu'avec le temps, *Quand je joue*, qui marque un tournant de carrière assez difficile à négocier, lui semble loin d'être à la hauteur de sa production habituelle, il en conçoit sur le moment une amertume profonde.

Insensiblement, les griefs s'accumulent de part et d'autre et la sérénité se transforme en crise latente. A l'insu des deux amants, la compétition s'installe entre eux. Chacun finit par essayer d'étonner l'autre, y compris dans des domaines n'ayant plus rien à voir avec leur art. C'est la fuite en avant, et cette surenchère devient une arme entre eux. Jusqu'à ce que la compétition dérape et que Miou-Miou décide de s'en aller.

Pour Julien, c'est un nouvel échec. Aussi douloureux que le premier. Plus, peut-être, à cause de ce prolongement dans l'avenir que sont les enfants; bien qu'il ait été tout de suite très clair qu'ils essayeraient l'un et l'autre de ne jamais mêler leurs filles à leurs déchirures d'adultes. Surtout ne pas se battre par enfants interposés. Si bien que Julien a toujours réussi à maintenir un contact fréquent avec Jeanne et Angèle, qui partagent leur temps entre les deux foyers, et que cette dernière, chose qui le touche infiniment, continue à l'appeler « Papa » et à le considérer comme son véritable père.

> J. C. : *C'est extrêmement simple : je suis son père, elle est ma fille.*

Alors que certains artistes, blessés dans leur vie quotidienne, arrivent à être parallèlement rayonnants dans leur art, effectuant ainsi une sorte de compensation affective qui relativise la portée de leurs revers; Julien est d'une émotivité telle que sa création épouse la courbe de ses sentiments. Malheureux, il ne sait pas jouer au héros triomphant, et l'a assez prouvé au moment de son dernier passage à l'Olympia. Comme le définit Roda-Gil, qui est certainement celui qui l'a le mieux connu, à cette époque : « Julien est condamné au vrai. » Par contre, s'il ne sait pas truquer, s'il ne sait pas contrefaire le bonheur, il est de ceux qui puisent dans leurs déboires l'énergie qui les propulsera un peu plus tard vers des réussites encore plus éclatantes. La faillite et le succès ne peuvent donc cohabiter hypocritement en lui; mais l'un se nourrit de l'autre et des erreurs qui ont pu l'engendrer. Il faut, pour cela, beaucoup de lucidité et la volonté constante de ne pas se masquer ses maladresses. Alors, magnifiant son échec d'homme, l'artiste trouvera en lui les ressources pour remonter en première ligne et faire front. Ce qui est une façon de se rassurer, bien plus constructive que les compliments illusoires qui ne servent qu'à entretenir la vanité.

Julien est ainsi et certains de ses triomphes ne sont que le contrepoids de son désordre amoureux. Et de fait, l'album qu'il prépare dans la solitude de l'après-rupture sera son plus grand succès discographique depuis le début de sa carrière : *Femmes, Indiscrétion, Blasphème.*

Entre-temps, il s'est coupé les cheveux; lui qui déclarait, il y a peu, à un journaliste du *Quotidien de Paris* : « Que voulez-vous que je fasse? Ça serait ridicule de me couper les cheveux et de me faire rocker. Imaginez [1]... » Sans doute faut-il y voir une volonté certaine de mettre son look au goût du jour, d'autant plus que l'album à venir contiendra un rock : *Lili voulait aller danser*; mais il est difficile de ne pas y associer aussi l'idée selon laquelle, lorsqu'on change d'amour, on éprouve généralement le besoin de changer de tête, changer de vêtements, changer d'habitude, voire changer de maison.

> J. C. : *En fait, cela faisait un moment que j'en avais marre de mes cheveux. Ils étaient vraiment trop longs. Quand on revoit les photos de l'époque, ce sont celles qui font le plus rire Virginie.*

Ce qui se fera d'ailleurs, à plus ou moins brève échéance, puisque Julien finira par vendre Les Gouttes et que, en tout état de cause, il n'y habitera pas avec une autre femme que Miou-Miou. Et puis, pour compléter le changement, le contrat avec Pathé Marconi arrivant à son terme, le chanteur et son agent décident de ne pas le renouveler. Il y a maintenant plus de douze ans que

1. *Note de l'auteur :* Propos recueillis par Georges-Marc Benamou, in *Le Quotidien de Paris* du 2 octobre 1980.

Julien est chez Pathé, et cela suffit pour provoquer une usure des rapports. Rares sont, en effet, les maisons de disques qui restent assez motivées sur d'aussi longues distances; des artistes différents leur arrivant en permanence, qui apportent tous avec eux un peu de l'excitation de la découverte, et de Labbey sent bien qu'un nouveau label ne peut qu'apporter un bol d'oxygène revigorant. Le rêve avoué de Julien, depuis longtemps, étant de s'internationaliser et de toucher enfin le marché anglo-saxon, Virgin apparaît alors comme la meilleure solution possible. D'autant que Téléphone vient de signer avec eux et que la firme anglaise, qui est encore assez petite à l'époque, semble faire de sérieux efforts pour conquérir le continent et, par conséquent, le marché français. Bertrand de Labbey obtient donc un contrat assez étonnant, puisque Julien n'est lié que pour un seul album et qu'en plus Virgin s'engage à financer un clip. A la surprise générale, donc, Julien Clerc quittant Pathé Marconi ne signe pas pour une maison d'égale importance, mais pour un tout petit label. Le disque sera mis en boîte à Londres, aux studios Trident, que le chanteur connaît bien, pour y avoir déjà enregistré *Julien*, en 1973. La réalisation en est confiée à Spephen Stewart-Short, homme de grand mérite, qui a beaucoup travaillé avec Paul McCartney à l'époque de Wings. Quant aux musiciens, ils sont intégralement renouvelés et personne ne subsiste des expériences précédentes; ce sont tous des requins de studio anglais, dont aucun ne jouera jamais sur scène aux côtés de Julien. Mais ces gens-là sont des pro, qui connaissent leur métier par cœur, et l'ensemble est d'une cohérence inimaginable.

Quant aux chansons, depuis que l'équipe de départ a définitivement éclaté, la porte semble plus ouverte à de nouveaux auteurs et, pour l'occasion, ils ne sont pas moins de six : Dabadie, Vallet, Gainsbourg et Plamondon, auxquels se joignent Jay Alanski, l'auteur de *Banana Split* et Bernard Lauze, dont les textes arrivèrent tout simplement un jour, par courrier, à Bertrand de Labbey qui, intéressé, les présenta à Julien.

Femmes, Indiscrétion, Blasphème... rencontrera un succès exceptionnel et atteindra le disque de platine – cinq cent mille exemplaires vendus – ainsi que le 45 tours d'or – cinq cent mille également – pour *Lili voulait allait danser*. En fait, l'album est tiré par la très belle chanson de Jean-Loup Dabadie : *Femmes... Je vous aime*, qui sera le slow d'une très grosse saison :

Femmes... Je vous aime
Je n'en connais pas de faciles
Je n'en connais que de fragiles

Et difficiles
Oui... difficiles

tandis que *Lili*, sur laquelle se fera le clip, amènera vers Julien un public beaucoup plus jeune, qui redécouvre le rock, vingt ans après la mort de Buddy Holly et d'Eddie Cochran, et trente ans après les premiers succès de Fats Domino :

A la télé y'avait un match de boxe
Pendant qu'on entendait dans le juke-box
Gronder le piano
De Fats Domino
De quoi vous mettre des fourmis dans les pieds.

Mais, encore, une fois, il serait injuste que l'arbre dissimulât la forêt; Maurice Vallet, qui disparaîtra à son tour dès l'album suivant, donne ici à Julien un titre magnifique : *Hiver 81* qui, en un flash-back saisissant, semble être le prolongement de ces *Quatre heures du matin* qui furent un de ses premiers succès :

Il est huit heures dans le matin
En cet hiver 81
En Amérique il est minuit
Dans un motel un assassin
Se lave lentement les mains

De maigres chiens font un festin
Et des innocents font l'amour
Comme des aveugles trouvent leur chemin...

Quant à Jean-Loup Dabadie, il explore une forte sensuelle carte du tendre, sur la hanche d'une passante vêtue d'une robe imprimée d'oiseaux des îles et de cocotiers :

Un oiseau dessiné
Tout à coup se dérobe
Dans une île imprimée
Sur sa robe...

Sur ce quai de métro
Il ne fait pas trop beau
Mais sur elle
Y'a la mer et le ciel...

Je descends à la plage
Dans l'anse de sa hanche
Le soleil abricot
Se couche dans son dos...

Les textes de Bernard Lauze sont intéressants en ce sens qu'ils donnent de Julien, et c'est la première fois que cela lui arrive aussi crûment, une image de perdant sans espoir. Tout à fait le contraire du jeune conquérant plein de soleil que Roda-Gil avait magnifié pendant dix ans :

Je suis un passager futile
Un errant d'une mauvaise nuit
Je vous écris du fond d'ma ville
Où j'ai du mal à faire mon lit

Ou pis encore :

Je suis un homme qui déraille
Je suis foutu
Je suis battu
Je te blasphème
Et puis je t'aime.

Cette vision excessivement négative sera vivement combattue par Bertrand de Labbey, qui conseille à Julien de ne pas s'engager dans cette direction. Mais les textes de Lauze plaisent au chanteur; ils correspondent bien à ce qu'il est en train de vivre, à travers son nouvel échec sentimental. Et même si, de l'avis de ses proches, le public ne peut que refuser cette image trop noire qu'il donne de lui-même, Julien se reconnaît dans cette image. Il affiche ainsi son ambiguïté qui est d'avoir besoin à la fois du triomphe et de la chute.

15.

Le succès de *Lili voulait aller danser* déclenche autour de Julien un vaste mouvement médiatique, sur le thème « Julien Clerc : rocker or not rocker ? »; et soudain, la génération des enfants de ceux qui firent les beaux jours de *La Cavalerie* découvre que l'idole de leurs parents n'est pas un vieux baba hermétique, mais un homme jeune – Julien ne fait pas ses trente-cinq ans d'alors; pas plus d'ailleurs que, dans l'esprit de ses fans, Claude François ne faisait ses quarante-trois ans au moment d'*Alexandrie-Alexandra* – beau et plein de fougue. Histoire de bien leur enfoncer le clou dans la tête, *Lili* sera rapidement doublée par un 45 tours au titre sans équivoque : *Cœur de rocker*. C'est encore Luc Plamondon qui signe les paroles ; et c'est encore une fois un succès dépassant tout ce que Julien avait pu connaître jusqu'alors : plus de six cent mille simples, pour une chanson qui ne sera jamais reprise en album.

> J. C. *Pour* Cœur de rocker, *nous avons même reçu l'Oscar de la chanson française. C'était amusant d'avoir ce prix, pour une chanson qui fait rimer « cœur » avec « rocker ».*

Car, contrairement à ce que l'on a pu dire ou écrire, Julien ne joue pas la carte du rocker à outrance. Il chante le rock, comme il a pu chanter le tango ou la valse, c'est-à-dire avec crédibilité, mais sans envisager une seule seconde de se cadenasser dans un style unique. Faisant partie des quelques rarissimes qui, pour reprendre le mot de Boris Vian, à propos de Piaf, sont capables de « chanter le Bottin », Julien tenait simplement à montrer qu'il était aussi capable de chanter ça. De là à prendre sa retraite là-dedans, il y a un monde. Et d'ailleurs, dès le début, il refuse de s'appuyer sur une image truquée et de jouer le jeu des déguisements : cuir, clous, motos, etc., n'ayant jamais eu le mauvais goût de se faire passer pour un loubard, il chante le rock, ou plutôt il chante quelques rocks, au milieu de bien d'autres choses, comme il a déjà traité de nombreux genres musicaux. Le débardeur de satin et le bracelet en strass de Bercy sont, à ce titre, tout à fait évocateurs.

Néanmoins, ces deux tubes consécutifs auront largement renouvelé l'audience de Julien, et quand il fait sa rentrée sous un grand chapiteau à la Porte de Pantin, le 22 février 1983, la location est saturée depuis longtemps, à raison de cinq mille places par soir, pendant cinq semaines. Dorénavant, la stratégie s'est affinée et chaque nouvelle étape de sa carrière marque un pas en avant : un record de plus à faire tomber. Chaque tube marche un peu mieux que le précédent, chaque nouveau spectacle est un challenge qui porte la barre un peu plus haut.

Le groupe de *Pantin 83*, du nom du trente centimètres qui sera extrait du spectacle, est encore une fois composé uniquement d'Anglo-Saxons; mais ils sont sous la direction de celui qui fut déjà le clavier de Julien pendant l'expérience Crapoutchik : Gérard Bikialo. Le disque en lui-même ne présente qu'un assez court extrait du récital de deux heures et ne contient aucun nouveau titre; si ce n'est qu'on y trouve *Partir*, qui n'était jusque-là disponible qu'en simple, c'est-à-dire introuvable au bout de quelques mois d'exploitation; ainsi que deux reprises de classiques : *L'Hymne à la joie* d'Édith Piaf et surtout une très belle version de *Vingt ans* de Léo Ferré. Peu après la Porte de Pantin, le spectacle part en tournée, sous le chapiteau orange et bleu, et Julien se rendant compte qu'il a de plus en plus de mal à chanter tous les jours en se donnant à fond, et las de se soutenir à coups de piqûres, décide de prendre des cours de chant. Au bout de quinze ans de carrière au sommet de l'échelle, c'est une assez belle leçon de modestie et de conscience professionnelle. Son professeur, Mme Charlot, lui apprend donc à ne plus forcer de la gorge, mais au contraire à se servir de son diaphragme. Elle lui fait également comprendre que son fameux vibrato naturel n'était qu'une façon paresseuse de placer sa voix, et qu'il peut très bien, en travaillant, le faire apparaître ou disparaître à volonté. Dès lors, Julien ne l'utilise plus que pour faire des effets prévus avec précision, dans certaines chansons, et son style s'en trouve résolument transformé. Et, surtout, il se fatigue beaucoup moins, ce qui lui permet de chanter mieux, plus longtemps.

Invité en septembre de la même année à se produire à la Fête de l'Humanité, il en partage la vedette avec son ami Charlebois. Or, une semaine plus tôt, un Boeing rempli de civils sud-coréens, qui s'était égaré au-dessus d'une zone militairement « sensible », a été délibérément abattu par un chasseur soviétique. Pendant quelques jours, Julien et le Québécois s'interrogent sur l'opportunité d'annuler une participation qui risque fort d'être interprétée comme un cautionnement. Mais, en fin de compte, ils décident tous deux de jouer le jeu à leur manière et, à l'heure dite, alors qu'une marée de spectateurs se presse devant la grande scène de La Courneuve, Robert Charlebois annonce une minute de silence. Les deux chanteurs sont là, debout, le front baissé, l'air recueilli devant l'énorme foule d'où commencent à jaillir quelques protestations houleuses; mais, rapidement, la majorité du public se laisse envahir par la dignité de l'instant – il n'y a pas d'autre mot – et le silence se fait plus lourd. Le spectacle qui suivra sera comme d'habitude un triomphe; mais un triomphe obtenu sans l'ombre d'une concession à la démagogie, par deux « saltimbanques » qui, le lendemain matin, pourront encore se regarder dans leurs glaces.

> J. C. *En fait, après moult réflexion et péripéties, on décide de monter sur scène, avec Robert, pour refaire ce show qu'on avait déjà fait deux ans auparavant, au Québec. On y allait un peu à reculons; mais on y va quand même, après avoir vu Roland Leroy, la veille, qui nous dit : « Arrêtez de vous répandre de tous côtés en interviews. Si vous voulez, je vous ouvre les colonnes de* L'Humanité; *mais maintenant que vous êtes là, faites-le. » On était pratiquement tout le temps sur scène, sauf pour trois chansons chacun, que nous faisions seuls. Ce jour-là, il faisait très froid, si bien qu'au moment où je ne chantais pas, je suis allé me mettre au chaud dans ma loge. Tout à coup, grand silence : je n'entends plus rien. Alors j'enfile une veste et je cours à toute vitesse. J'arrive sur scène et je le vois au garde-à-vous. Je crois que la photo parle d'elle-même; car il n'y en a pas beaucoup où j'ai l'air méchant. Cela dit, Robert est mon ami. Un ami que j'aime tendrement.*

Depuis quelque temps, Les Gouttes sont en vente. Julien n'y vient d'ailleurs plus. « Je peux considérer que j'ai eu la chance de pouvoir réaliser ce rêve, un rêve qui n'était pas donné à tout le monde; et la chance de pouvoir m'en sortir. De pouvoir me rendre compte, après un certain temps, que ça n'était justement qu'un rêve, et que ma réalité était ailleurs; que ma vérité était de n'être attaché à rien, nulle part. » Ainsi, par contraste avec toutes ces années d'efforts pour essayer de redonner vie à un domaine d'un autre siècle, et jouir de ses terres en gentleman-farmer, Julien vend tout, du jour au lendemain, pour ne plus rien posséder en propre; et il s'installe à Paris, dans un appartement où il ne fait guère que passer. Car, dorénavant, il consacre le plus clair de son temps et de son énergie à Virginie, la seconde fille de cette famille Couperie chez laquelle il n'a jamais cessé d'aller, durant toutes ces années. La jeune fille en fleur, dont il a fait la connaissance en 1976, est maintenant devenue une femme, doublée d'une cavalière émérite – elle participe régulièrement aux championnats de France en première catégorie; c'est-à-dire la plus haute – avec laquelle il a plaisir à faire de longues promenades à cheval. Une nouvelle fois, Julien est amoureux; mais pour Virginie, il a envie d'aller plus loin. Il s'en ouvre à M. Couperie qui, tout d'abord, le prend assez mal : « Et moi qui vous prenais pour un ami! » répond-il au chanteur. Et bien qu'il débouche une bonne bouteille de Sauternes, au déjeuner suivant, pour marquer l'événement, Émeric Couperie restera longtemps opposé à la liaison de Julien et de Virginie; au point que ces deux derniers devront louer un appartement à Bordeaux, car il leur est impossible de vivre ensemble dans la propriété parentale.

> J. C. *En fait, lorsque je lui ai dit que j'aimais sa fille, c'était à un moment où il avait beaucoup de soucis; et la toute première chose qu'il m'ait dite était : « Ah! ne m'emmerdez pas! » Puis, il a ajouté : « Moi qui vous prenais pour un ami... » Cela dit, notre grand regret, à Virginie et moi-même, est qu'il n'ait pas vécu assez pour voir notre mariage.*

M. Couperie mettra plus d'un an à admettre les faits; une année au cours de laquelle les rapports seront parfois assez difficiles car, bien qu'habitant Bordeaux, à une vingtaine de kilomètres de Saint-Vincent, Virginie vient tous les jours monter son cheval et continuer son entraînement. Jusqu'au jour où son père finira par se laisser fléchir et où seront enfin célébrées des fiançailles tout à fait traditionnelles, en présence de toute la famille.

Julien, pendant ce temps, travaille à son prochain album et, une fois encore un nouvel auteur fait son apparition dans l'équipe : David Mc Neil. Celui-ci n'est pas un parolier ordinaire, c'est un traceur de routes. Il n'est pas exagéré de dire que depuis la dernière guerre, trois auteurs, et seulement trois, ont su apporter un langage neuf dans la chanson française. Non pas pousser à la perfection, comme d'aucuns l'ont fait, une manière d'écrire existant depuis toujours, mais, se mettant en rupture complète avec tout ce qui avait été fait jusqu'alors, inventer une formulation différente, poser un regard vierge sur l'imagerie poétique et la bousculer dans ses habitudes, et sans torturer inutilement les mots, les articuler de façon jusqu'alors inconnue, pour renouveler leur potentiel de rêve. Ces trois alchimistes du verbe sont, par ordre d'entrée en scène : Étienne Roda-Gil, David Mc Neil et Alain Souchon. Chacun à sa mesure sera un jour reconnu comme fondateur d'école et, en attendant, ils sont déjà tous les trois largement pillés et copiés, ce qui est le plus bel hommage que l'on pouvait rendre à leur talent.

Que deux d'entre eux aient travaillé avec Julien Clerc est déjà assez significatif; mais ce qui l'est plus encore est que, l'un comme l'autre, Roda-Gil et Mc Neil sont des êtres à cheval sur deux cultures. L'espagnole et la française, pour Étienne, l'américaine et la française également, pour David; encore que dans son cas les choses soient un peu plus compliquées, puisque son père était russe, et qu'après avoir été élevé par une bonne italienne, il est parti vers l'Angleterre et la Belgique flamande, avant de revenir se fixer en France.

> J. C. *Aujourd'hui, David habite surtout à Monte-Carlo et, comme il le dit lui-même, il a été le seul à s'exiler à Monaco quand la droite est revenue au pouvoir. Ça, c'est tout David, qui est quelqu'un qui a un humour extraordinaire.*

Après avoir enregistré trois 45 tours en anglais, d'assez peu d'importance, il fait son apparition dans le monde de la chanson francophone, en 1972, avec un album quasiment historique, produit par Pierre Barouh, pour Saravah, et comprenant entre autres *Hollywood,* chanson culte s'il en est, qui fera à sa sortie un bide mémorable; mais changera définitivement la face de la chanson française, pour une poignée d'oreilles averties. Auteur de sept 33 tours, tous pleins de petites merveilles d'orfèvrerie, David n'a jamais connu le succès populaire par lui-même, malgré des arrangements, signés Jean-Pierre Auffredo, toujours très soignés, et une voix un peu nonchalante dont la diction et le swing restent des modèles du genre. La reconnaissance officielle ne lui viendra qu'en 1980, quand Yves Montand reprendra *Hollywood,* sur son album *Montand d'hier et d'aujourd'hui.* Dès lors, David travaillera à adapter en anglais le show de Montand, pour ses tournées aux U.S.A. et au Japon, et signera un peu plus tard *Casablanca,* en compagnie d'Alain Souchon. Un soir que Julien dîne au restaurant avec quelques amis, Mc Neil qui se trouve, par hasard, à quelques tables de là, lui fait passer un mot sur un morceau de papier plié en quatre : « Si on écrivait une chanson ensemble ? » Réponse de Julien, par le même biais : « Chiche! » Quelques jours plus tard les deux hommes se rencontrent et Mc Neil sort un invraisemblable projet où il est question de se mettre à la peinture, pour « imiter Matisse ». Julien Clerc refuse tout net, arguant du fait que personne ne comprendra jamais ce que cela veut dire. Rentré chez lui, David pose la question à son fils Dylan, et s'aperçoit avec stupeur que la génération de ce dernier ne sait rien de Matisse. Se souvenant alors d'une image entrevue, au bord de la mer, d'une fille se déshabillant derrière les stores à la vénitienne, qui lui avait semblé bien plus sexy que si elle avait été franchement nue devant lui, David reprend toute sa chanson et « imitez Matisse » devient « matez ma métisse ». L'image va comme un gant à Julien qui l'adopte aussitôt et en fera le tube absolu des années 84-85. Six cent mille albums, sept cent mille simples, et des passages radio-télé à n'en plus finir. *Mélissa* sera même traduite en espagnol par le pourtant fort sérieux groupe Quilapayun. Cette progression de carrière est assez inhabituelle. En effet Julien Clerc a maintenant trente-sept ans, et cela fait seize ans qu'il chante, lorsqu'il atteint son sommet; alors que la plupart des chanteurs et des chanteuses atteignent le leur en quelques années et perdurent après sur leur potentiel acquis.

Croyant plus à la loi des séries (après *Lili* et *Cœur de rocker*), qu'à l'impact de *Mélissa,* Bertrand de Labbey fait faire le clip destiné à promouvoir l'album *Aime-moi*, sur *La fille aux bas nylon*, de Plamondon; mais pour une fois il se trompe dans l'appréciation du tube et, bien que les bas nylon emportent le prix du meilleur clip vidéo, rien n'y fait, c'est *Mélissa* qui draine tous les suffrages. Éclipsant derrière elle tout le reste de l'album, dont une fort belle rêverie de Jean-Loup Dabadie : *Tant d'amour.*

Tant d'amour
Et déjà
Cette couleur d'ivoire
Que le temps donne au temps...

Bercy marquera l'apothéose de Julien. Bercy rempli en quelques jours, au terme d'un pari insensé, que personne n'avait encore tenté : réunir cent trente-deux mille spectateurs dans la même salle, sur onze jours. Un décor immense, en forme d'île volcanique, conçu par l'architecte Philippe Guibout : trente mètres d'ouverture de scène, sur trente mètres de profondeur; et des arêtes vives, en pointes de diamant, où se déchirent les trente-deux canons à lumière de Jacques Rouveyrollis.

Pendant que tout cela se met en place, Julien emmène son nouveau groupe en Afrique Noire, pour une tournée de rodage de cinq concerts : Abidjan, Dakar, Port-Gentil, Libreville et Douala, au cours de laquelle il fait plus ample connaissance avec Alpha Blondy, Youssou N'Dour et le légendaire Doudou N'Diaye Rose, tambour major de Dakar qui commande à cent percussionnistes dont trente sont ses propres enfants. Une émission de télévision sera tournée, au cours de cette virée africaine : *Les soleils noirs de Julien Clerc*, que l'on pourra voir sur TF 1, un mois avant Bercy.

Puis, pour faire bonne mesure, le groupe enchaîne sur une longue série de spectacles au Canada. Pas moins de vingt-trois récitals, répartis sur deux mois. Maintenant tout est fin prêt, et c'est au Canada que Julien a reçu le coup de fil de Bertrand de Labbey l'informant que la location était complète et qu'il faudrait même prévoir un jour supplémentaire, pour faire face aux demandes. Soulagement, quand même... même s'il est facile de dire, après coup, qu'on n'a jamais douté. Mais Julien n'est pas un fanfaron, et il avoue son angoisse et ses inquiétudes sans fausse pudeur.

Rarement campagne aura été aussi bien orchestrée et, pendant les quelques semaines qui précéderont l'événement, il sera impossible d'échapper au sourire de Julien, pour peu que l'on sorte dans la rue, ou que l'on ouvre un journal ou un magazine; et à sa voix, chaque fois que l'on ouvre la radio ou la télévision. Car indépendamment de sa propre promotion, le chanteur participe à celle de la nouvelle Citroën BX, dans un spot publicitaire signé Yves Boisset : « J'aime, j'aime, j'aime [1]... »

1. *Note de l'auteur* : voir annexe N° 2, en fin de volume.

16.

Indépendamment du formidable banco que représente Bercy et ses retombées médiatiques, le spectacle est une réussite totale. Même transporté dans de plus petits espaces, ce qui sera le cas lorsque Julien partira pour une longue tournée en province, qui s'étalera sur quatre mois complets, de début octobre à fin janvier. Entre-temps il aura donné deux concerts exceptionnels aux arènes de Fréjus et trois autres au Brésil.

Encore une fois, son groupe est cent pour cent anglo-saxon. Sous la direction de Ian Wherry, qui joue des claviers, cinq musiciens jeunes et issus du rock : Peter May à la batterie, Winston Blisset à la basse, Gerry Mofett à la guitare et au jogging (il doit bien faire ses cinq ou six bornes par concert), Alan Whetton absolument phénoménal au saxophone et Matt Clifford aux synthétiseurs. Un compromis équilibré, donc, entre les claviers qui entrent alors dans une période de règne sans partage sur la musique de variétés, et une formule plus proche de l'image traditionnelle du groupe de rock, tel que l'ont défini une fois pour toutes les Beatles.

A ce combo fort compact, s'ajoutent quatre choristes Linda Taylor, Maggie Sugget, Michael St. Jales et Alan Vosper, et un Julien Clerc qui envahit l'espace et arpente la scène à grands pas, débordant d'énergie et exprimant de tout son être la joie visible de se trouver là.

Une seule ombre au tableau, Julien voulait un effet spécial avec un piano suspendu dans les cintres, au clavier duquel il aurait pu s'élever dans les airs et disparaître ainsi, à la fin du spectacle. Mais, bien qu'essayant jusqu'à la dernière minute possible de solutionner le problème technique en toute sécurité, il devra finalement y renoncer.

« Mon métier, c'est avant tout un homme dans un rond de lumière », a l'habitude de dire Julien. Doux euphémisme lorsqu'on songe à l'extraordinaire travail réalisé par Jacques Rouveyrollis, pour ce spectacle pas comme les autres. Pour ainsi dire pas de projecteurs traditionnels, mais une débauche de poursuites, toutes montées sur système « varylight », c'est-à-dire pouvant changer de couleur à la fraction de seconde près, grâce à des cristaux liquides commandés par ordinateurs, ce qui supprime toute manipulation de gélatines et donne une liberté d'exécution quasi totale. Tantôt resserrées comme des lances de lumière, qui semblent percer le chanteur de part en part, tel un saint Sébastien de science-fiction; tantôt inondant tout l'espace de larges flasques polychromes : l'effet est saisissant.

C'est presque devenu un poncif de dire que Rouveyrollis est un véritable magicien qui a définitivement révolutionné la conception des éclairages de scène; au point que les meilleurs techniciens américains prennent régulièrement l'avion pour venir voir ses dernières trouvailles. Mais, en l'occurrence, l'idée de toutes ces poursuites vient de Julien lui-même; et elle vient de loin en arrière. En effet, Claude Jarroir qui, après avoir été longtemps le régisseur du chanteur, fut l'un des producteurs des spectacles de Bercy, se souvient que lors de sa première rencontre avec Julien, en 1978, celui-ci, juste après lui avoir serré la main, lui a déclaré de but en blanc : « Un jour je ferai un spectacle avec uniquement des poursuites. » La chose était, bien sûr, techniquement irréalisable, à l'époque, presque impensable; mais Julien toujours axé vers le futur avait déjà cette vision dans un coin de sa tête, une vision comme un rêve que sa ténacité habituelle ne lui ferait jamais abandonner avant de l'avoir mené jusqu'au bout.

La tournée-fleuve qui suivra Bercy sera marquée par un événement tragique rappelant dramatiquement le séjour à la Réunion, en 1974. A Grenoble, en effet, René Frout, un éclairagiste de l'équipe, occupé à régler un projecteur dans les cintres, perd soudain l'équilibre à la suite d'un faux mouvement et fait une chute mortelle de plus de sept mètres. Le soir même, la voix nouée par l'émotion, Julien chantera pourtant, mais dédiera son spectacle à la mémoire de son technicien.

Trois jours plus tard, le 23 novembre, a lieu le gala de remise des premières Victoires de la musique, à l'occasion duquel il fait office de maître de cérémonie. Cela représente une reconnaissance *de facto,* de l'ensemble de la profession, qui le place ainsi hors de toute compétition. A ce moment, Julien est au sommet de tout ce qu'il a pu entreprendre. Tant sur le plan de sa carrière que sur celui de sa vie privée. Il vient d'épouser Virginie, à Pino, une petite commune corse, dont Mme Couperie, petite-fille de Gustave Eiffel, est originaire.

> J. C. : *Certains invités ont eu du mal à arriver jusqu'à Pino, avec quelques déboires d'avion, de car, etc. Et Martin Lamotte, en descendant du car, m'a dit avec cet air pincé qu'il sait si bien prendre, quand il le veut : « Ah! c'est la dernière fois que je viens à ton mariage! » Michel Blanc, également, a eu un mot amusant quand, à la sortie*

de l'église, les Corses se sont mis à tirer en l'air avec leurs fusils : « Ils l'ont raté à la mairie; mais je suis sûr qu'ils vont l'avoir là... »

Karl Lagerfeld a dessiné la robe de la mariée, tandis que Julien est habillé par Kenzo qui lui avait déjà conçu sa tenue de scène de Bercy et, plusieurs années auparavant, celle du Palais des Sports. Grâce à l'entremise amicale de Martine Cartegini, bien entendu.

Ce mariage à l'ancienne, qui s'achèvera par un vrai bal de village, est l'occasion de réunir tous les amis, en une gigantesque fête à laquelle sont conviés tous les habitants de Pino.

Entouré, comblé, aimé, Julien est au fait du bonheur. Son caractère s'en ressent et, dans un sourire, il explique : « Virginie sait désamorcer mes colères. Elle a su débloquer la faculté de rire qui était en moi. Et aujourd'hui, je suis capable de rire de choses qui, autrefois, m'auraient certainement mis hors de moi. »

Après une longue période de recul et de détente, au cours de laquelle il monte à cheval, joue intensivement au tennis avec ses amis José Touré et Jean Tigana, et consacre une grande partie de son temps à sa jeune épouse, Julien se met à battre le rappel de ses auteurs, en prévision d'un nouveau disque.

Les aventures à l'eau sortiront au début de l'année 87, et marquent un changement étonnant dans la carrière de Julien qui, pour la première fois cosigne la plupart des musiques, tantôt avec Jean Roussel, tantôt avec Matt Clifford, qui tenait les synthétiseurs à Bercy.

Surprise, deux textes signés Françoise Hardy, ce qui constitue une première à double titre, puisque jamais, jusqu'alors, Julien n'avait chanté de chanson écrite par une femme. Rapidement un titre s'impose : *Hélène*, signée David Mc Neil et qui ressemble à bien des égards à une petite cousine de *Mélissa.* En réserve, pour le simple à venir, *L'enfant au walkman* de Luc Plamondon qui devrait arriver dans les charts à point nommé pour la prochaine rentrée de Julien. Mais que faire, après Bercy ?

Impossible, apparemment, de pousser le bouchon plus loin, sans tomber dans les gigantesques concerts uniques en plein air qui, comme chacun sait, sont des gros coups médiatiques, mais ne sont jamais bien fameux au niveau de la qualité musicale. Là encore Julien crée la surprise. Au lieu de jouer la surenchère des arènes immenses, il décide d'investir la salle du Grand Rex, à laquelle des stucs un peu vieillots donnent un charme indéniable. Trois mille places seulement, une misère comparée aux douze mille sièges de Bercy. Mais de la peluche rouge, des dorures, un plafond très kitch et une ambiance de convivialité un peu surannée. L'endroit inattendu, mais idéal, pour un autre de ces paris qui poussent Julien toujours plus avant.

Trois mille places, peut-être, mais pendant près de deux mois, avec l'espoir clairement affirmé de faire ici encore plus d'entrées qu'à Bercy.

Coluche avait une expression qu'il employait souvent et qui s'applique à Julien, plus qu'à nul autre artiste de variétés de langue française : « Jusqu'où s'arrêtera-t-il ? »

ANNEXES

1.

L'ASSASSIN ASSASSINÉ [1]

Marc Robine : Julien Clerc, vous n'avez pas spécialement un profil de chanteur engagé. Pourquoi alors, à une époque où tous les sondages indiquaient – à tort ou à raison, peu importe – que la majorité des Français était favorable à la peine de mort, avez-vous sorti une chanson comme *L'assassin assassiné* ?

Julien Clerc : Parce qu'il faut toujours faire selon son cœur. Un chanteur c'est un homme libre, et je pense qu'à notre époque les chanteurs sont très importants, car on écoute beaucoup ce qu'ils disent. Mais il ne faut pas trop en faire : c'est toujours pareil. Si ça devient systématique de décrire les misères du monde, plus personne ne vous écoute. Par contre, si vous touchez un peu à tout et qu'à un moment donné vous abordez un problème grave, votre voix, tout d'un coup, prend de l'ampleur. On écoute ce que vous allez dire.

Moi, ce n'est pas mon métier de faire de la chanson de contestation. Tout peut se chanter et je crois que je peux chanter n'importe quoi, à partir du moment où cela correspond à l'image esthétique que je me fais des choses. En fait, je ne parle pas chanson, avec les auteurs. C'est vrai. On peut aborder le sujet très rapidement, dans une conversation, mais ça passe très vite. Simplement, je vis avec les auteurs, je parle avec eux et, sans aucun doute, nous avons des relations passionnelles. Il y a donc forcément

1. Entretien réalisé par l'auteur pour le mensuel *Paroles et Musique*, numéro 49 spécial Julien Clerc, mars 1985.

des chansons qui résultent de ces conversations, de nos sorties, de nos rigolades.

Alors, comment Jean-Loup en est-il arrivé à m'amener ça, je ne sais pas. Nous avons forcément dû en parler. Tout ce que je sais, c'est que j'ai fait la musique très vite : vingt minutes, une demi-heure. Puis, après je ne l'ai pas chantée. Lui la trouvait magnifique; mais moi je ne voulais pas avoir l'air de répondre au truc de Sardou. « Je suis pour. » C'est resté en travers de la gorge de Jean-Loup et un jour il m'a piégé. Il y avait une émission qui lui était dédiée sur FR 3, et il m'a demandé de venir la chanter. De lui faire ce cadeau. J'y suis donc allé et je l'ai faite comme ça, tout simplement, au piano. Et aussitôt le standard a sauté un dimanche vers 17 heures. Le lendemain tout le monde m'en parlait.

Quelque temps après, je devais faire le journal d'Antenne 2 et j'avais demandé un reportage sur les flagrants délits, car les problèmes de justice me touchent tout particulièrement. Paul Lefebvre m'a alors appelé pour me dire qu'il y avait un procès de peine de mort exemplaire à Toulouse, et me proposer qu'on y aille ensemble. C'était un procès exemplaire car il s'agissait d'un récidiviste qui s'était déjà fait condamner à mort et dont le jugement avait été cassé. On le rejugeait donc et il était défendu par Badinter. C'est la seule fois de ma vie, Dieu merci, que j'ai assisté à un tel procès et que j'ai vu fonctionner la justice de mon pays. Et quand vous avez vu un procès de peine de mort, quelle que soit la personne qui est jugée, je pense qu'en sortant, quoi qu'il arrive, vous êtes abolitionniste.

Il y a là un déchirement, parce que la famille et les amis des victimes, les gens qui sont dans la salle ne comprennent pas. Je le voyais bien, ils se disaient : « Il n'y a plus de justice, dans notre pays » et ils voulaient lyncher Badinter. Vous voyez, ces choses-là ne sont pas simples. Mais, dans ces cas-là, on se bat pour une idée. Badinter, à l'époque, plaidait plus l'idée que le dossier. C'est uniquement pour cela qu'il a pu, par exemple, sauver Patrick Henri. *L'assassin assassiné*, et c'est pour cela d'ailleurs que tout est dans le titre, est également une plaidoirie pour cette idée.

Et le soir d'avril 81, où dans cette émission politique, face à Duhamel, etc., le candidat Mitterrand a dit, en regardant droit la caméra de télévision : « Si je suis élu, j'abolirai la peine de mort », alors que les derniers sondages de la veille étaient à 65 % pour la guillotine, je me suis dit : « Là il marque des points ». Ce n'est pas parce que les sondages sont à 65 % contre qu'on perd des points. Et pourquoi ? Parce que, ce jour-là, il faisait selon son cœur.

M. R. : Pourtant Badinter est peut-être l'homme le plus décrié du régime...

J. C. : Oui, bien sûr. Ça, c'est la facilité, il occupe un poste qui est, en ce moment, très difficile. Je ne suis pas d'accord, loin de là, avec tout ce que peuvent faire les dirigeants actuels et je pense même qu'ils ont fait un certain nombre d'erreurs qui leur seront fatales; mais il y a quand même pas mal de points sur lesquels ils sont hautement respectables. La justice en particulier. Et Badinter, qui était déjà un grand avocat, aura été, on s'en rendra compte un jour, un grand ministre de la Justice.

M. R. : Mais ne risquiez-vous pas alors, avec une telle chanson, de vous aliéner 65 % du public ?

J. C. : Je ne sais pas. Vous savez, chaque soir, dans les salles, je n'avais quand même pas trois mille personnes qui étaient abolitionnistes. Ce n'est pas possible. Et pourtant c'est la chanson qui faisait toujours le plus gros triomphe. En fait, on pouvait très bien ne pas être d'accord, mais la chose qui était exprimée, dans cette chanson, était digne.

L'ASSASSIN ASSASSINÉ

C'était un jour à la maison
Je voulais faire une chanson
D'amour peut-être
A côté de la fenêtre
Quelqu'un que j'aime et qui m'aimait
Lisait un livre de Giono
Et moi penché sur mon piano
Comm' sur un établi magique
J'essayais d'ajuster les mots
A ma musique...

Le matin même, à la Santé
Un homme... un homme avait été
Exécuté...
Et nous étions si tranquilles
Là, au cœur battant de la ville
C'était un' fin d'après-midi
A l'heure où les ombres fidèles
Sortant peu à peu de chez elles
Composent doucement la nuit
Comm' aujourd'hui...

Ils sont venus à pas de loup
Ils lui ont dit d'un ton doux
C'est le jour... C'est l'heure
Ils les a regardés sans couleur
Il était à moitié nu
Voulez-vous écrire une lettre ?
Il a dit oui... il n'a pas pu
Il a pris une cigarette...

Sur mon travail tombait le soir
Mais les mots restaient dans le noir
Qu'on me pardonne
Mais on ne peut certains jours
Écrire des chansons d'amour
Alors j'ai fermé mon piano
Parol's et musiqu' de personne
Et j'ai pensé à ce salaud
Au sang lavé sur le pavé
Par ses bourreaux

Je ne suis président de rien
Moi je ne suis qu'un musicien
Je le sais bien. Et je ne prends pas de pose
Pour dir' seulement cette chose
Messieurs les assassins commencent
Oui, mais la Société recommence
Le sang d'un condamné à mort
C'est du sang d'homme, c'en est encore
C'en est encore...

Chacun son tour, ça n'est pas drôle
On lui donn' deux trois paroles
Et un peu... d'alcool.
On lui parle, on l'attache, on le cache
Dans la cour un grand dais noir
Protège sa mort des regards
Et puis ensuite... ça va très vite
Le temps que l'on vous décapite

Si je demande qu'on me permette
A la place d'une chanson
D'amour peut-être
De vous chanter un silence
C'est que ce souvenir me hante
Lorsque le couteau est tombé
Le crime a changé de côté
Ci-gît ce soir dans ma mémoire
Un assassin assassiné
Assassiné...

Paroles : Jean-Loup DABADIE
Musique : Julien CLERC

2.

JULIEN ET LA PUBLICITÉ [1]

Marc Robine : Je voudrais que nous parlions du spot publicitaire que vous avez fait pour Citroën. Pourquoi avez-vous fait cela, et quelles sont les répercussions que vous prévoyez, au niveau de votre image ?

Julien Clerc : Pourquoi avoir fait cela ? Pour deux choses. D'abord pour de l'argent, et je coupe l'herbe sous le pied de ceux qui me reprochent d'avoir fait ça pour le fric ; l'argent n'est pas négligeable. La deuxième est que tout peut se chanter. On peut tout chanter, on peut tout faire, tant que cela reste esthétiquement acceptable et tant que vous prenez plaisir à le faire.

La publicité fait maintenant partie de notre époque, au même titre que les clips vidéo. C'est une nouvelle façon de s'exprimer avec une caméra. Une façon courte, dense. La musique de pub est également un exercice de style qui vous oblige à être très humble, à gommer le superflu. Ça doit être ramassé, court. C'est un coup de poing. Aujourd'hui la pub est partout et je ne vois pas pourquoi les artistes n'en feraient pas. C'est une chose dépassée que de dire : « C'est abominable. Il est en train de se prostituer ! » C'est fini, terminé, on est dans une époque de promotion et de communication, et les chanteurs ne peuvent plus se contenter d'être sur leur piédestal. Plus maintenant. Le « Je sors mon truc et c'est reçu

1. Entretien réalisé par l'auteur pour le mensuel *Paroles et Musique*, numéro 49 Spécial Julien Clerc, mars 1985.

comme la manne céleste » est terminé. Aujourd'hui tout le monde va au charbon.

M. R. : Vous dites que tout le monde fait de la promotion. Mais vous qui en faites pour Citroën, avez-vous l'impression que Citroën en fasse pour Julien Clerc ?

J. C. : Il y a un accord avec eux, je ne fais pas n'importe quoi. C'est Jean-Loup Dabadie qui écrit le script, Yves Boisset qui s'occupe de la réalisation et moi qui fais la musique. Alors on me soumet un script, comme on me soumettrait un scénario de film et je dis oui ou non. Ça je ferai, ça je ne ferai pas, ça je dirai, ça je ne dirai pas. Tout se fait en accord avec moi, pour que cela ait l'air le plus naturel, le plus « Julien Clerc » possible.

M. R. : C'est-à-dire le plus efficace possible...

J. C. : Je ne sais pas si c'est efficace, mais quand on fait une pub, il faut jouer le jeu de la publicité. Il faut savoir comment les gens réagissent à la publicité : ils se marrent. C'est entré dans les mœurs. Maintenant, il faut évidemment choisir le produit. Je n'aurai pas fait n'importe quoi. Il y a quand même des pubs pourries et je ne serais pas d'accord avec ça.

DISCOGRAPHIE
33 Tours

1969 : Yann et les dauphins – Les vendredis – La petite sorcière malade – Le delta – Sur tes pas – Ivanovitch – La tarentelle – L'amour en chantier – Jivaro song – Julien – La cavalerie. *Pathé Marconi 20 062 10046.*

1970 : *Des jours entiers à t'aimer* – Des jours entiers à t'aimer – Bourg-la-Reine – Si tu reviens – Faillite – La Californie – Zucayan – 4 heures du matin – Carthage – Le menhir – Des larmes sucrées – La Veuve de Jo Stan Murray. *Pathé Marconi C070 10874.*

1971 : *Ce n'est rien* – Ce n'est rien – Adelita – La fée qui rend les filles belles – Les tout petits détails – L'éléphant est déjà vieux – La Fille de la véranda – Niagara – Et surtout – Rolo le baroudeur – Chanson pour mémère – Cœur de Dieu – Les Enfants et les fifres. *Pathé Marconi C064 11813.*

1972 : *Si on chantait* – Si on chantait – Le Canon de la nation – Sertao – Elle a au fond des yeux – C'est la terre – Des mots d'ailleurs – Jouez violons sonnez crécelles – La longue épine – Londonderry – Laisse le monde – Le Patineur – Le Marteau. *Pathé Marconi C064 12352.*

1973 : *Julien* – Introduction – Heureux le marin qui nage – Le secret de l'amour – Je sais que c'est elle – Bec de lièvre – Radeau de pierre – Poissons morts – Ce n'est pas – Ça fait pleurer le bon Dieu – Cécile – Vous. *Pathé Marconi C064 12668.*

1974 : *Terre de France* – Terre de France – Le piano éléphant – C'est une Andalouse – Les boucles de Garonne – Lune, lune – Le Ciel tatoué – Danse s'y – Sans toi – Le Directeur du grand hôtel – Bateau pressé, capitaine pas bon – Le petit animal – Le Maître du palais. *Pathé Marconi C066 13001.*

1974 : *Olympia – Julien Clerc avec vous* – Poissons morts – La longue épine – Ça fait pleurer le bon Dieu – Le Patineur – Heureux le marin qui nage – Cris, tambours et masques de guerre – Je sais que c'est elle – Niagara – Jouez violons sonnez crécelles – Elle a au fond des yeux – La Citadelle – Bec de lièvre – Si on chantait – Yann et les dauphins – Ce n'est rien – Le Petit vieillard qui chantait mal – La Cavalerie – Ivanovitch. *Pathé Marconi C 156 12731/2. Double album.*

1975 : *N° 7* – Souffrir par toi n'est pas souffrir – Prends ton cœur par la main – Une journée pour rien – Dors bien – Les cafards – This melody – Bien longtemps après – Je voyage – Elle voulait qu'on l'appelle Venise – Juste comme un enfant. *Pathé Marconi C066 14242.*

* **1976** : *Black out* – Black out – Le cœur trop grand pour moi – Je suis mal – A mon âge et à l'heure qu'il est – Aujourd'hui rien n'est normal – Les Jours de joie – Amis – A la fin je pleure – Romina – J'aime ton corps. *Pathé Marconi C068 14363.*

1977 : *Enregistrement public – Palais des Sports* – Black out – Romina – Tu dis ça (avec Geneviève Paris) – Poissons morts – Ballade pour un fou (Loco loco) – Souffrir par toi n'est pas souffrir – J'aime ton corps – Je suis mal – Elle voulait que j'l'appelle Venise – Carthage – Le Patineur – Le cœur trop grand pour moi – Niagara – Le cœur volcan – Juste comme un enfant – La Fille de la véranda – C'est une andalouse – Présentation – This melody – La Cavalerie – Intro Yann et les dauphins – Ce n'est rien – Partir – Mon camarade – Elle est belle – Je vous parle du vent sur la mer – Love me like a woman. *Pathé Marconi C154 14491/3. Triple album.*

* **1978** : *Jaloux* – Je dors avec elle – Jaloux de tout – Les amours sans larmes – Pièce bleue – Travailler c'est trop dur – Ma préférence – Macumba – Dans mon cirage – Le cœur nu – J'ai eu trente ans. *Pathé Marconi C068 14577.*

* **1980** : *Sans entracte* – Jungle Queen – Les mots qui dansent – Week-end – Elle faisait la la la – Belinda – La Quête – Mangos – Le crooner de l'an 2000 – L'assassin assassiné. *Pathé Marconi C070 72249.*

* **1980** : *Quand je joue* – Bibliothèque Mazarine – Cette personne – La femme boréale – Les oiseaux dans les arbres – Tu me manques – Ma doudou – Je t'aime tant – Confidence – Tout en vous m'enchaîne – Quand je joue. *Pathé Marconi C070 14862.*

1981 : *Vendredi 13 (en public)* – Elle voulait qu'on l'appelle Venise – Je sais que c'est elle – Ma doudou – Je dors avec elle – Danse s'y – Week-end – Elle faisait la la la – La petite sorcière malade – Ivanovitch – L'assassin assassiné – Ma préférence – This melody – Macumba – Poissons morts – Jungle Queen – Travailler c'est trop dur – Quand je joue – So fine – Mangos – La quête – Jaloux de tout. *Pathé Marconi C170 72407/8. Double album.*

1982 : *Femmes, indiscrétion, blasphème* – Femmes... Je vous aime – Cabane micro – Moi j'te connais comm' si j't'avais défaite – A son cou à ses genoux – Je vous écris du fond de ma ville – Indiscrétion – Lili voulait aller danser – Hiver 81 – Quelle heure est-il Ile Marquise ? – Blasphème. *Virgin. album : 75.175 Cass. 50.175.*

1983 : *Pantin 83 (live)* – Bibliothèque Mazarine – Je dors avec elle – Partir – Femmes, je vous aime – Blasphème – Jaloux de tout – 20 ans – Les oiseaux dans les arbres – Lili voulait aller danser – Hymne à l'amour. *Virgin. album : 70.177 Cass. 50.177.*

1984 : *Aime-moi* – La fille aux bas nylon – Mélissa – Amour consolation – Angela – Y'a plus de rock au Tennessee – Respire – Aime-moi – Bambou bar – Tant d'amour – To be or not te be bop. *Virgin. album : 70.286. Cass. 50.286.*

1985 : *Préférences compilations (rééditions)* – Cœur de rocker – La fille au bas nylon – Ma préférence – Quand je joue – Partir – Jaloux de tout – Travailler c'est trop dur – Ballade pour un fou (Loco, loco) – Lili voulait aller danser – Mélissa – Si on chantait – Respire – Ce n'est rien – Elle voulait qu'on l'appelle Venise – This melody – Femmes, je vous aime. *Virgin. double album : 70.355 cass. 50.355*

1987 : *Les aventures à l'eau* – Mon ange – L'enfant au walkman – Sexy – Blonde et en colère – Avoir quinze ans – Barbare – Hélène – Les robots qui dansent – Style ming – Pour qui tu t'prends – Les aventures à l'eau. *Virgin. album : 70.488 cass. 50.488.*

Les albums marqués * sont maintenant disponibles en rééditions Virgin.

REMERCIEMENTS

Je tiens à remercier tout particulièrement les personnes suivantes, pour leur aide précieuse, leur amicale collaboration et la gentillesse avec laquelle elles m'ont ouvert leurs archives et leurs souvenirs :

Mme Merlot, M. et Mme Leclerc, Gérard Leclerc, Paul-Alain Leclerc, Maurice Vallet, Étienne Roda-Gil, Jean-Loup Dabadie, David Mc Neil, Maxime Le Forestier, Bertrand de Labbey, Claude Jarroir, Martine Cartegini, Geneviève Beauvarlet, Gérard Kawczynski, M. et Mme Jean Lavollée, Jean-Louis Guitar, Bernard Royer, Alain Viard, Patricia Lemeunier, Pascale Bigot et François Robin.

Un merci plus spécial à M. et Mme Jean Robine et, bien sûr, à Véronique Quaglio.

Et un salut fraternel à Anne et Marc Minette, ainsi qu'à tout l'équipage de *La Ribaude*.

TABLE

Cet ouvrage a été réalisé sur
Système Cameron
par la SOCIÉTÉ NOUVELLE FIRMIN-DIDOT
Mesnil-sur-l'Estrée
pour le compte des Éditions Laffont
le 4 janvier 1988

Imprimé en France
Dépôt légal : Janvier 1988
N° d'édition : 30859 – N° d'impression : 8180